GW01605509

# AKEVA

César Brandon Ndjocu

# AKEVA

Una historia intrascendente
por si no vuelves a saber de mí

ESPASAesPOESÍA



Diseño y maquetación de interiores: María Pitironte
Ilustraciones de interior: © Mayer George, © Redpixel,
© Chamille White, © GlebSStock, © Zef Art , © Kasama Watanapran,
© Ann in the UK , Shutterstock y María Pitironte
Diseño de la cubierta: © Planeta Arte & Diseño
Fotografía de cubierta: © Luis Diaz Devesa / Getty Images

Preimpresión: Safekat, S. L.

Depósito Legal: B. 22.838-2019
ISBN: 978-84-670-5741-6



www.espasa.es
www.planetadeloslibros.com

Impreso en España/Printed in Spain
Impresión: Huertas, S. A.

Espasa Libros, S. L. U.
Avda. Diagonal, 662-664
08034 Barcelona
El papel utilizado para la impresión de este libro está calificado como papel ecológico y procede de bosques gestionados de manera sostenible

A Caty. Lo siento por olvidarme de tu cumpleaños.
Felices 26.

# ÍNDICE

¡Oh, Roma!, en tu grandeza, en tu hermosura,
huyó lo que era firme, y solamente
lo fugitivo permanece y dura.

FRANCISCO DE QUEVEDO,
*A Roma sepultada en sus ruinas*

Sofá de Jordi, Móstoles,
las 4:58, a 22 de mayo de 2019

# Nota del autor

A LA ATENCIÓN DE LAS
DECISIONES QUE TOMARÉ
EN EL FUTURO

Recuerda que mamá es como la partícula de Dios; que la felicidad se hace mediocre si no es compartida con los amigos y la familia; que la mejor forma de paz es la de no hacer promesas; *y que se duda de las personas a las que la amabilidad no asusta de algún modo ingenuo, porque pueden lucrarse a su costa.*

Akeva.

P. D.: Akeva significa gracias.

Atentamente,

EL DIRECTOR GENERAL DE PRIVATIZACIÓN
DEL AZAR Y LA SUERTE

Prólogo

# LA OLA

**¿Hay más dolor en el niño que quiere cambiar el mundo, sin lograrlo, o en el mundo que no le hace saber que lo ha logrado?**

Sé que es el mar.

Estoy en el bao de una barca.

Miro hacia abajo y veo el cielo: una abigarrada bóveda que se refleja con esmero en las cristalinas aguas del océano que, aun habiendo llovido, está completamente en calma; quieto y huidizo, como un introvertido chiquillo en su primer día de colegio. O como trillones de gotas en su primer día de mar.

Me rodea una liviana niebla que de vez en cuando me opaca la vista, aunque me permite apreciar más allá de donde debería ser capaz el ojo. Es una nube ligera que brota del agua como si el mar se estuviese fumando un divertido cigarro. El sol, a mi espalda, es el fantasma de lo que solía ser. Su alma celeste alumbra el horizonte como faro que no quiere que mueran navíos. Una bandada de gaviotas lo sigue como barcos en el atardecer. No se ven las estrellas, pero hay tantos colores sobrevolando mi cabeza que el firmamento parece un cuadro de acuarela pintado desde la imaginación de un adulto que no sabe pintar. O que está aprendiendo a hacerlo. A los niños se les da mejor no saber hacer las cosas. Aprender también.

Me encuentro solo, perdido y extraviado en medio del mar cuando de repente la profesión me llama: pienso en que una vez un psicólogo sin nombre me preguntó de qué color creía que era mi soledad. Pienso en el verde porque es mi color favorito. Luego pienso que me retracto: «Es mejor contestar que no creo en la soledad de las personas porque las únicas cosas "solas" son las que pueden ser metáforas». Al regresar de trabajar me anuncio con una sonrisa al raer mis pensamientos en la madera de la barca usando las uñas. Estoy contento, viviendo en una relación seria con lo que más me gusta hacer en el mundo: escribir. O quizá con creer que se me da bien hacerlo.

Más allá, la neblina comienza a deshacerse como una hoja de papel que muere presa del fuego. Del humo y las cenizas nace una familia: una madre y sus dos hijos caminan por la arena negra de una playa hasta adentrarse en el mar. El pequeño de los hermanos retorna corriendo a la tierra cuando el agua sube por encima de sus rodillas, y su hermano, con ademán instructivo, le chilla algo. Parece que el pequeño no sabe nadar. Y

no pasa nada. A mí mi hermano me dijo que solo se podía aprender a nadar en el mar yendo a contracorriente, peleándose con la adversidad de las olas. Y en este mar no hay olas. Es un mar inmóvil y manso; en calma, con aguas tan lisas como la superficie de una cama recién hecha. Creo... creo que al pequeño se le da bien ponerse a salvo de lo que desconoce. Sonrío. Hace un rato pensaba que estaba perdido en medio del mar, pero allí están ellos tres: una defectuosa manada haciendo playa su porción del mundo, siendo verano en un país que no tiene estaciones del año, pero sí épocas. Como la mismísima felicidad: siempre a ratos. Escruto todo mi alrededor en busca de ballenas. Mi hermano también me dijo que ellas eran las que creaban las olas.

—Cuando salen para respirar —me contó— saltan tan tan alto que, cuando sus enormes cuerpos con sus enormes aletas golpean el agua, lo hacen con tanta fuerza que desordenan el agua y crean gigantescas olas.

Cuando concluyó, dejó caer una galleta en su bol de leche.

Agudizo la mirada entrecerrando los ojos en dirección a la playa. La tengo al mismo tiempo lejos y cerca, como una vieja fotografía colgada en la pared de una casa en la que solo soy visita. Quiero remar hasta ella, pero cuando toco el agua la barca solo se mueve en círculos, como una hoja cóncava impulsada por el soplo de un niño que sueña con ser capitán en una charca. Pierdo de vista a la familia durante un segundo y comienzo a acomodar el cuello las veces que hacen falta para verla cuando el viento quiere que le dé la espalda. La observo durante muchas vueltas.

Las horas vuelan en mí y las estaciones se suceden en la barca como si un día diese la vuelta a ochenta mundos. En ella el tiempo sigue las leyes del reloj Casio sumergible que presume la muñeca del mayor de los hermanos; las páginas del libro de Corín Tellado que devora la madre y el lento avance de las obras del castillo de arena que construye el pequeño en la orilla. Se

escucha la llamada de una voz masculina que los reúne rápidamente como el canto de una sirena a unos marineros. Una cuarta figura los enmarca haciendo eles con los dedos de las manos y luego, tras un relámpago, los congela para el recuerdo en una instantánea con una Polaroid. Todos se pelean por abanicar el positivo y ser los primeros en ver la imagen. La madre y el hermano mayor quedan contentos con el resultado. El pequeño lo observa con una alegre sonrisa que poco a poco es suplantada por una expresión de extrañeza. Entrecierra los ojos acercándose la foto al rostro y luego mira en mi dirección. Al principio no creo que me vea y me doy la vuelta para averiguar si hay algo tras de mí. No veo nada, así que me digo que tal vez se está preguntando qué hay al otro lado del sol. En ese momento hace una segunda y una tercera comprobación de la foto mientras se acerca al agua y me saluda ondeando el brazo. Soy un extraño para sus ojos y un amigo de toda la vida para la sonrisa que me regala. Me señalo a mí mismo y él me levanta el pulgar. Le devuelvo el saludo y me pide que me acerque gesticulando los brazos con entusiasmo. Le digo que no puedo moverme. No lo entiende, así que le informo, con una horrible mímica, de que no tengo remos. Mis braceos le hacen reír y al momento siento un golpe que me entristece el corazón. El paladar me amarga la boca cuando en mi cabeza aparecen imágenes de un tiempo que todavía no he vivido. Ese... niño. Quiero saltar al agua y nadar hasta la playa para abrazarle y prometerle que siempre cuidaré de él, pero de repente una colosal nube gris comienza a comerse su cielo. Su sombra se expande como una mancha de petróleo sobre la arena. Son un solo negro, pero diferentes tipos de oscuridad. Una fuerte tormenta acompaña a la nube que crece y crece sin parar. La marea sube e inunda progresivamente la playa creando un caudal que separa al pequeño del resto de su familia. La madre corre con todas sus fuerzas para alcanzarlo, pero el espacio que les separa se repite una y otra vez a cada paso que da como si su lado de playa fuese la segunda parte de algo que no ha salido bien. No se acorta ni se hace más largo. Corre y corre, y nunca llega. Su pequeño se encuentra atrapado en una isla vigilada por una feroz corriente de agua dulce y salada. Solo le mantiene fuera del agua la pila de arena de su inacabado y chapoteado castillo. La lluvia pesa. Pesa mucho. Tanto que podría hundir la barca. Cada una de las gotas parece tener vida propia: una historia transcurrida en un tiempo único, con una gravedad singular y una pena inconmensurable. Se siente como si todas las personas del mundo estuviesen llorando y él fuese el culpable de su llanto.

El agua se acrecienta, la última torre del castillo está a punto de sucumbir junto con el sentido del equilibrio de los dedos de su pie derecho. De un modo u otro el pequeño acabará en el fondo del mar. Está a un pulgar de comenzar a ser engullido cuando al momento me mira hundiendo sus ojos por debajo de mis pupilas. Parece un mástil segundos antes de ser derribado por los fuertes vientos. A media asta su rostro es una bandera; triste, pero con una luz que no se apaga. Una luz que ha decidido pelearle a la tormenta hasta su último aliento elegir cuándo morirá.

¡He de ayudarle! ¡Como sea!

Me arrodillo rápidamente, cierro los ojos con fuerza y junto las palmas elevando las manos por encima de mi cabeza. Le pido a Dios que por un momento ponga de lado nuestra rencilla sobre la propiedad intelectual y me preste auxilio para salvar al pequeño. Rezo con todo lo que creo, pero la marea no cesa de subir. El agua ya casi le alcanza el pecho cuando comienza a respirar velozmente, entrenando sus pulmones para almacenar la mayor cantidad de oxígeno. Le cuesta. Se esfuerza, aunque sabe que todo lo que se aprende a última hora está destinado al olvido. El agua alcanza su cuello y le estruja con tanta presión que parece querer estrangular cualquier posibilidad de que viva si es que hay vida más allá de esta. Cuando el mar le acaricia los labios, alza la cabeza en un desesperado intento de conseguir unos segundos más de esperanza: las gotas de lluvia tardarán un poco más en acabar con él.

Ya no queda nada del cielo de los adultos sin agudeza para el arte. Solo hay grises y relámpagos que alumbran la oscuridad de la noche. El pequeño aspira aire hasta el máximo de sus pulmones al tiempo que infla los mofletes también, en caso de emergencia. Y desaparece engullido por el océano. Le busco con los ojos: tal vez emerja del agua como una... ballena. ¡Ballenas! Me desvisto rápidamente. Ejercito las rodillas agachándome un par de veces y los brazos estirando los músculos agarrándome los codos. Deja de llover mientras hago mis calentamientos y el cielo se esclarece. Una estrella lejana me enfoca con su luz desde lo más recóndito del firmamento. ¡Y brillo! Cada uno de mis poros es un diamante en bruto que no comprendo. Siento que mi piel siempre será una novata del exceso. Escucho voces, gritos y aplausos que me animan desde la oscuridad y se desvanecen con clamor. Como ecos que regresan avergonzados a su ruido original. Quieren que lo haga; que salve al pequeño. Están expectantes. ¡Y salto! Me subo al borde de la barca y salto lo más alto que puedo. Casi toco el cielo. En el punto álgido de mi brinco me siento en la cima del mundo por un segundo: no reconozco el tipo de hermosura que contemplo. No entiendo esa belleza. ¡Y caigo! Soy el cerco para la luz de la estrella que, aun alumbrándome, comienza a estrecharse. Extiendo mis extremidades para hacerme grande; mis brazos son aletas; soy azul. Cojo aire para hinchar la barriga y abultar mis músculos. En este solitario y desierto mar soy lo más parecido a una ballena cuando mi cuerpo impacta contra el agua, creando, a mis ojos, enormes ondas transversales que huyen de mí hasta crecer en una majestuosa ola.

Burbujas.

Muchas burbujas. De tamaños diferentes. Primero por mi nariz. Luego por mi boca. Parece que dibujan una sonrisa en mi ausente expresión, como si fuesen extensiones de mis labios al escapar por las comisuras. Burbujas. Es cierto que la naturaleza siempre encuentra su camino.

Mi cuerpo está completamente bajo el agua, pero el brutal choque me ha dejado aturdido. Consigo girar la cabeza y veo el cuerpo del pequeño unos metros alejado de mí. Nos desplazamos en direcciones opuestas y no sé si me hundo yo hacia arriba o flota él hacia abajo.

No sé si nuestras vidas nos pertenecen, si somos nuestros o los intereses y necesidades del mar. Este violento mar que nos hace pedazos hendiendo su presión en nosotros del mismo modo que un afilado cuchillo corta un pastel. Una fina hoja que despedaza nuestro ser para que cada gota se lleve una parte y tenga el derecho de decir que no les gustamos rotos.

¡Me ve! El pequeño me ve y extiende el brazo lentamente para alcanzarme. Siento que sería capaz de solucionar el mundo si me tocase con la yema del dedo. Siento que el agua que hay unos metros más abajo, donde no hay nadie, resolvería todos mis problemas. Y decido.

Sonrío, cansado. Él sonríe, cansado.

Deseo... Ojalá...

Espero que mi ola de fama le ayude a aprender a nadar a última hora, aunque luego se olvide. Aunque luego le olviden. Yo no me acuerdo si alguna vez supe.

Introducción

# AGOSTO

Agosto se acuerda del lugar donde nació, pero prefiere no decirlo. Se sabe la ciudad, el país y hasta el hospital, en ese preciso orden. Cuando era pequeña un viejo libro de su padre cayó golpeándole la cabeza al chocar con la biblioteca. El libro quedó abierto en el suelo, y Agosto, al recogerlo, leyó una cita de Crátilo que decía —y de esto no se acuerda muy bien— algo parecido a: «La esencia del nombre de las cosas consiste en representar las cosas tal y como son». Solo tenía ocho años entonces, pero se lo tomó tan a pecho que no volvió a nombrar ni una sola cosa cuyo nombre creía que no hacía justicia a lo que de verdad era. Su ciudad, su país y el hospital fueron lo último que añadió a su lista de cosas que no merecen ser nombradas. Las primeras las descubrió dándose cuenta de que esa ley, además de ser aplicable a las personas, no solo se acomodaba a la perfección a la gente que le había hecho daño, sino que también servía para aquellas a las que ella quería, y que, de algún modo u otro, también la querían a ella.

En el lado bueno de las cosas está Eva, lo primero a lo que Agosto dio un nombre. Una especie de diario en el que escribía sobre lo que creía que había pasado, lo que pasaba y lo que pensaba que iba a pasar. Narrando historias de su vida y de la vida de los demás con poesías, cuentos y, como lo define ella, movidas ficticias basadas en movidas reales.

Por cierto, Agosto no se llama Agosto. No aceptó el nombre que le dieron y tampoco se dio uno a sí misma. Sentía que los que le dieron uno no se merecían ese privilegio; y que ella no se merecía ese derecho.

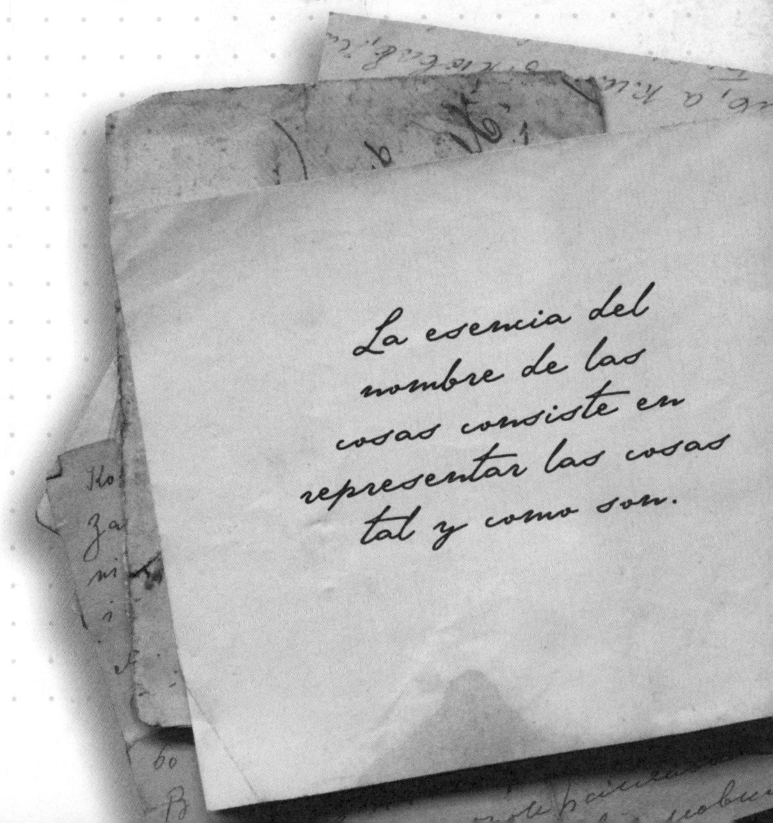

19 de abril de 2017

«¡Oh, tú, que has puesto el debate sobre la misma mesa en la que te han enseñado a no hablar mientras se come!».

Agosto

Lunes, 17 de febrero de 2020

# MEMORIAS DE NADIE

Hola, Eva:

Ha cesado de llover.

Hoy han intentado asesinar al presidente.

Tengo las manos libres porque la curandera acaba de llevarse a 2,1 kg. Todavía no he visto el color de sus ojos para hacer como hacía Nana. Ya sé que el peso del mundo le tiene reservada una plaza dentro de dieciocho años. Pero el único superpoder que deseo ahora mismo es el de ser capaz de reconocerla si me pegan un cambiazo. Lo sé Eva, no es un pensamiento muy *happy*.

El impermeable amarillo de la niña a la que dieron una palmadita en la espalda diciéndole «todo va a ir bien» está tirado junto a una pila de ropa sucia de diferentes tejidos, telas y blancos, intentando ocultarse como si la lavadora tuviese una función para ella.

El pie izquierdo de una zapatilla deportiva me observa desde el suelo con los cordones atados. Tal vez fueron mías. Es irreal que sus lazos sigan siendo tan fuertes. Pero supongo que me enseñaron a atar muy bien.

Las piezas desparramadas de las ruinas del castillo de LEGO con el que tropezó la aprendiz de la curandera hacen que me sienta bien. Ya sabes que tiendo a reconocerme a mí misma en lo roto.

Miro a través de la que solía ser mi ventana. Ya no soy de aquí, pero sigo viviendo a las afueras de una ciudad que jamás deja para mañana todo lo malo que puedo hacer hoy.

Los primeros rayos de sol aparecen en el horizonte. Amanecerá pronto. Un aburrido sindicato de gallos que no se preparó para el futuro cuando ya se avispaban las alarmas electrónicas vaga sin rumbo, tal vez en señal de protesta.

Abajo, han encendido la radio nacional. La segunda voz más reconocible del Estado le pide a los oyentes que se queden en sus casas y no den cobijo a personas sospechosas. Eva, dividir y vencer es un juego de niños para matar a un pueblo cuya naturaleza acogedora le impide poner puertas en las casas. Las que las tienen siempre están abiertas; las cerradas nunca llevan pestillo.

Suena el discurso del presidente, al que, para mis oídos, acompaña una batalla campal entre el aplauso fácil y un grupo de risas enlatadas.

Desde aquí arriba el mundo está en llamas. Quiero buscar un lugar desde el que observar hasta que el fuego llame a mi puerta con tranca, pasador y fusiles. Tener los pies en la tierra es una zona de confort de la que cuesta salir.

Qué pequeñas son las personas desde lejos, ¿verdad? Frágiles. Los sordos, los que hacen oídos sordos, los que tienen el sueño profundo y no oyeron los disparos, los que no escuchan la radio, comienzan la vida. Agricultoras y pescadores se saludan. No son lo suficientemente miserables como para gozar del privilegio de llamar aquí «hogar», no son lo suficientemente acaudalados para mandar al infierno a quien los esclaviza. La clase media ha sido derrotada. Han vencido los padres que solo conciben el amor de los hijos que heredan las guerras que ellos perdieron.

Una anciana cruza la carretera despacio, pensativa y con una sutil sonrisa que creo apreciar en la comisura de sus labios. Parece que entiende la libertad de las personas que gozan del honor de controlar la narrativa de su propia historia. Me atrevo a decir —y espero que me disculpe si me equivoco— que si hay una parte de ella que no es feliz, es la parte que sabe que hay formas de ganar que no requieren de felicitación, sino de disculpas. Ella no quiere que muera el presidente, solo quiere que pida perdón. Lo siento, creo que, además de morir de muerte, se muere un poco cuando se descubre que has estado durmiendo con un desconocido que creías conocer estando despierto. Entiendo su caminar, el presidente lleva treinta cuatro años en el poder. El poder lleva veintiún siglos en la poesía, diferentes formas de opresión, el mismo tipo de dictadura. Lo sé, Eva, es aterrador, pero la entiendo. Al fin y al cabo, los miedos también necesitan de alguien que los ame, que no se aferre a ellos, simplemente, que los ame, sabiendo que los tiene que dejar marchar.

Me voy. La curandera volverá pronto con 2,1 kg. Te la presentaré pronto. De momento, cuando me la devuelvan, ya que no vi sus ojos y soy olvidadiza, espero que se asegure de que no me hayan cambiado a mí por otra madre.

Eva, me duele el futuro.

Voy a llamarla Futuro. Deseo que cuando crezca no me quite ese privilegio; no se niegue ese derecho. Por mi parte, te prometo que me encargaré de que la guerra no sea la cosa con más sentido en su vida.

Viernes, 3 de agosto de 2018

# AVIVAR

Hola, Eva:

No estoy segura, pero voy a elegirlos. Porque, aunque creo que son el fuego que más arde, siento que son el que menos quema.

Eva, llámame loca, pero creo que soy el incendio que se necesita.

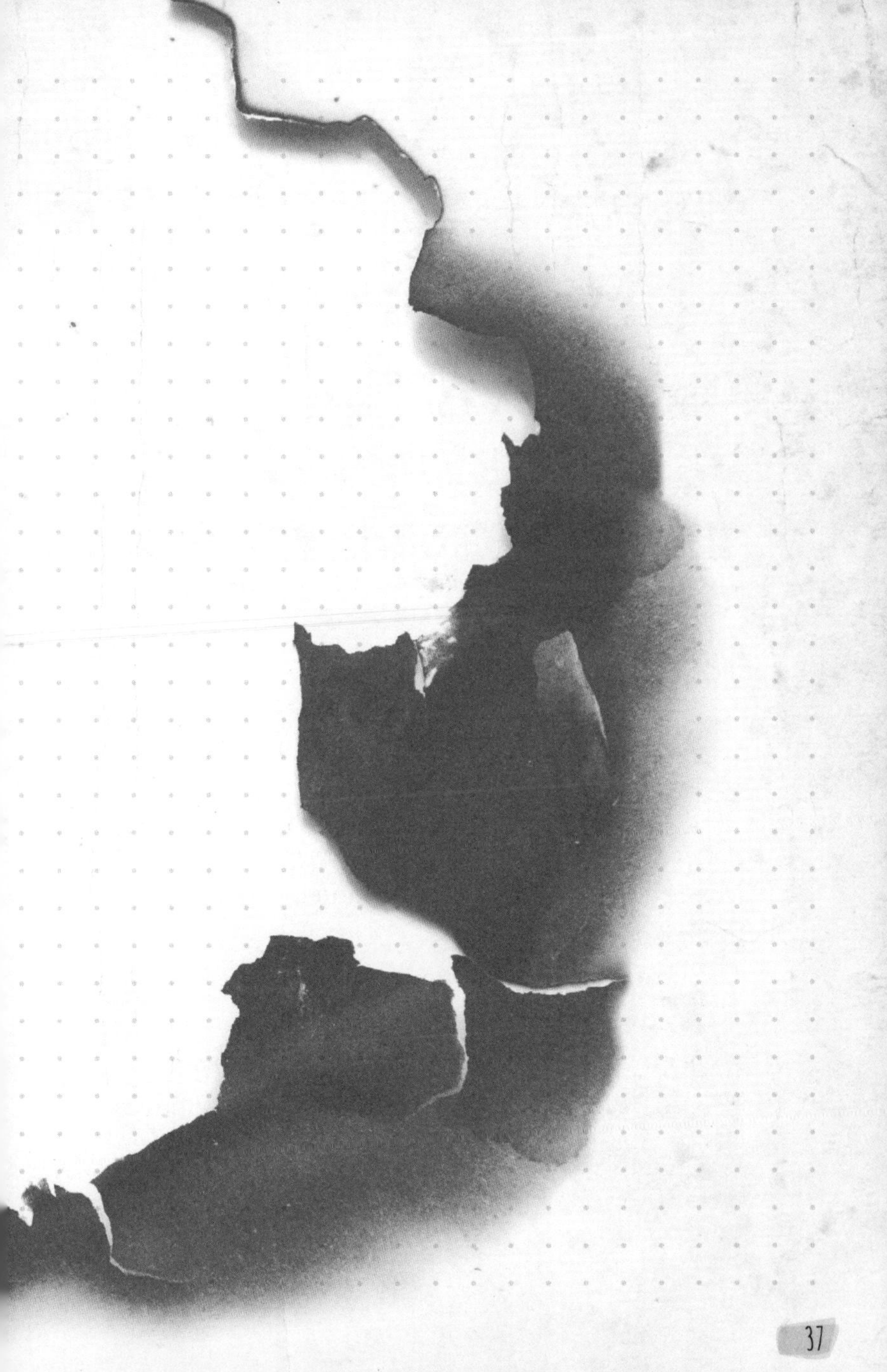

Jueves, 19 de enero de 2017

# LA HISTORIA DE UNA COLONIA Y OTRAS COSAS DEPENDIENTES QUE NO TIENEN AROMA

Hola, Eva:

La radio nacional ha interrumpido una entrevista alegando interferencias justo cuando Paula Marcela Moreno ha dicho que faltaban independencias por conseguir en su país.

Miro a través de la ventana.

Hay una mujer matando mosquitos en su cuello. Creo que es la señora de los buñuelos de azúcar. Está sola, sentada en un banquito de madera en una terraza a ras del suelo. Su portal son brochazos de pintura al cemento que se difuminan con el marrón barro de la acera; y la acera a su vez, con el gris polvo de la carretera. Debería tener un paso de cebra solo para ella.

Se puede percibir el pasado en las paredes de su casa. Hace años tuvo que pertenecerle a un hombre cuyos nietos ya tienen hijos en otro continente. Me pregunto si la reclamarían. Pero no creo que quieran heredar asesinatos que no cometieron. Elegir el pasado que más nos conviene es la mejor forma de tomarse la justicia por su mano.

Ahora me apetecen buñuelos, pero ya no puedo bajar sin supervisión. Soy como un averiado barco en un puerto vacío.

La mujer le ha chillado a un niño por cruzar sin mirar a los dos lados, su idioma lo entiende más de medio mundo, el de chillar, me re-

fiero; las palabras solo le pertenecen a ella, a su madre, a su abuela y a todas las que saben transmitir significados impregnados en sonidos difíciles de pronunciar para un poco más de medio mundo. La última persona que me besó es de un pedazo de un poco más de medio mundo. No sabía chillar, pero sí mirar a los dos lados antes de cruzar, como si le importasen mi pasado y mi futuro. Fue la última vez que lo hizo. Yo soy de una esquina de un pedazo de un poco más de medio mundo y, quería que nos encontrásemos a medio camino, donde deseaba que supiese lo que quería sin tener que pedírselo.

Me contaron que la señora de los buñuelos estuvo casada una vez. Pero él la dejó porque decía que olía demasiado a aceite y siempre tenía las manos grasientas. Dicen que sigue llorándole y que él sigue apareciendo por el barrio cuando está lo suficientemente borracho como para que la piel de ella no le resulte —y cito como me lo contó un pajarito—: resbaladiza.

Ella no es un país, solo hace buñuelos. Pero al igual que a mí le faltan independencias.

Sentimos bien, como pequeños frascos de colonia que no huelen a nada. Pero a ella al menos le quedan las sonrisas que le regalan los vecinos al endulzar sus vidas por las mañanas.

A mí ya nadie me sonríe. Ni la suerte ni yo misma.

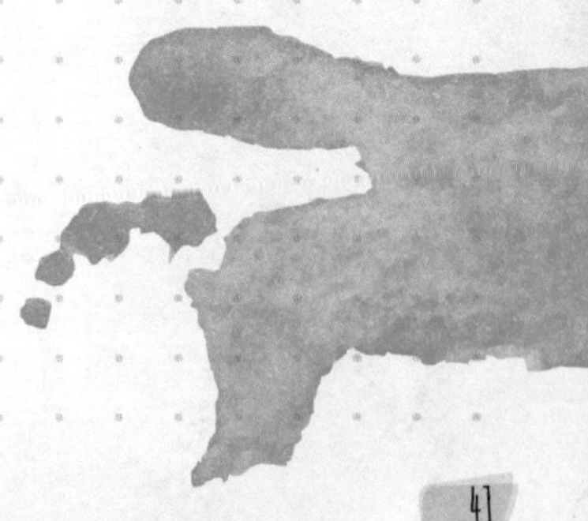

Viernes, 2 de marzo de 2007

# EL RÍO

Hola, Eva:

Antes, cuando yo era muy pequeña —casi un bebé—, papá solo era escritor. Todavía escribe, pero parece que ya no le gusta tanto. Anoche se bebió unas cuantas copas y me dijo que ya no tenía miedo. Me dijo también que cuando era joven un poeta mayor le había dicho que el tiempo se ocuparía de él. Luego comenzó a balbucear:—El Tíber es el peregrino. El Tíber es el peregrino.

«El Tíber es un río», recordé después de revisar un examen de Geografía que había suspendido.

—En el soneto de Quevedo —me contestó como si estuviese en una incómoda nube— ¡oh, peregrino! —proclamó con una irónica, hiriente y caníbal sonrisa que pareció hacerse daño a sí misma— debería hacer correr un río de sangre. A nadie le importa. Este país no importa como los otros.

—¿Qué países importan? —le pregunté.

Tal vez me serviría su respuesta para la recuperación de Geografía. Y dicen que los borrachos siempre dicen la verdad.

—Los que tienen ríos que hacen que lo fugitivo permanezca y dure. Los que tienen ríos importantes.

—Nuestros ríos son bonitos. ¿Por qué no son importantes?

—Porque nadie conoce sus nombres.

—¿Quién pueda hacer que se conozcan? —le interrogué con ilusión.

Nunca he sido prematura en sueños, así que, tal vez, de mayor, dependiendo de su respuesta, podría querer ser Riera o Informadora de Ríos; o Doctora de Ríos; o Ingeniera de Ríos; o Astronauta de Ríos.

—¿Es algo que puedan hacer las chicas también? —indagué—. ¿Quién, papá? ¿Quién puede hacer que se conozcan los ríos? ¿Quién tiene ese poder?

—Los poetas —me respondió sirviéndose otro trago—, las sequías.

Hizo una breve pausa para beber velozmente y luego, con la mirada perdida, concluyó:

—Y los asesinos.

Jueves, 22 de mayo de 2008

# LOS ALCES

Hola, Eva:

Hoy un chico de bachillerato, al que —por tonta— había echado el ojo, me ha mirado por encima del hombro al percatarse del libro de poesía que estaba leyendo. He dejado de querer quererle. Su mirada despectiva me dice que en unos años necesitará conocer a más personas sin cuartos, gente de su quinta que no vaya a ganar millones por crear juegos para el móvil. Eva, te prometo que un halcón podría haber planeado a la perfección en sus aires de superioridad. Seguro crecerá para ser como el hermano de papá: un hombre que haya felicidad en decirles a los demás que regresen a su país.

En fin, Eva.

Hay un pájaro haciendo la mudanza. Al parecer se viene a vivir al árbol de papaya que se encuentra al otro lado de nuestro patio. Veo a una niña construir algo en el suelo, justo donde empiezan las raíces. Si cayese una papaya le abriría la cabeza. La camiseta que arrastra por el suelo es cinco tallas más grandes que ella. Es el uniforme de la selección de Suecia en el Mundial de Alemania en 2006. Se agacha y juega con pequeñas ramas, barro de agua de lluvia y barro de saliva, plumas de los gallos que se pelearon esta mañana, mala hierba y una bolsa de plástico. Consigue imitar a la perfección un nido de pájaros y luego lo pisotea hasta que queda destrozada en partes reconocibles. Alza la vista al cielo sin entrecerrar los ojos. Nana me dijo que había personas capaces de mirarle al sol de tú a tú. La reconozco. Ya sé quién es. El otro día leí en una revista que los alces son tan singulares que, aun perteneciendo a un grupo del reino animal acostumbrado a llevar una vida social, son solitarios. Los mayores que no saben acerca de la enfermedad que tiene la niña van por allí diciendo que le falta un tornillo.

Eva, yo prefiero creer que ella es como IKEA para los pájaros que se mudan a este país.

Miércoles, 4 de octubre de 2017

# REGRESAR

Hola, Eva:

El Centro no es muy grande. Apenas hay espacio suficiente para un puñado de personas. La gente habla alto, pero con cuidado, como en el mercado cuando se quiere conseguir una rebaja. Sé que aquí la traición se paga muy cara y, como las paredes hablan, todos me miran como si fuese un tabique que quieren derribar a preguntas.

Esta tarde un chico ha sido recibido entre aplausos y abrazos al entrar. Al verle recordé que hace un par de años se fue al extranjero para dedicarse a la música. Fue todo un éxito. No había iPod que no almacenase una parte de algo que había creado él. Ahora sus canciones tienen el pelo gris y sus letras arrugas. Es la vieja gloria más joven que he visto nunca.

—¿Qué hace ese aquí? —le pregunté a Ángel.

—Regresar adonde fue feliz —me respondió mirando de reojo.

—Allí de donde viene ya nadie le conoce, ¿verdad? Sola era una moda y le han olvidado.

—Entonces —razonó Ángel mordiéndose una uña—. ¿Qué es la moda? ¿Triunfar o ser olvidado?

Eva, quiero ir a todos los lugares a los que querré regresar por haber sido feliz en ellos. Y que luego me olviden.

Viernes, 13 de junio de 2014

# MEDIANA

Hola, Eva:

No te lo vas a creer: me he cruzado con Dani.

No te preocupes, todavía no le he perdonado que te escribiese sobre él y su madre, con esas formas tan impersonales, en tercera persona y sin mi permiso. Pero ya le conoces, más de lo que deberías, porque tu opinión acerca de los demás tendría que ser únicamente lo que te cuento yo sobre ellas.

No ha sucedido gran cosa. Hemos tenido una amigable conversación sobre sus movidas mentales:

—La Tercera Guerra Mundial será entre veganos y gente que come carne —me ha dicho con una falsa pose seria.

—Eso nos haría enemigos —le he contestado bromeando.

—Pero si tú comes carne —respondió perplejo, como quien toma *distancias* con la cara, no para alejarse, sino para acercarse a una persona a la que desea conocer de nuevo.

—Lo sé —le hice saber con mi alegre voz que, para él, siempre seré la misma—. Pero independientemente de quién salga vencedor de esa guerra, quiero que cuando los manuales de historia narren lo acontecido digan de mí que estuve del lado de los que tenían razón.

Al final me dijo que era una hipócrita con esa jovial voz de incredulidad, y yo le mandé un presumido beso con los ojos cerrados y gesticulando exageradamente los labios.

Antes de marcharse me ha tocado lo que no está escrito al medirme con ese gesto condescendiente de poner su mano en posición de saludo militar para trazar una línea diagonal desde su frente hasta la mía.

—No has crecido nada —me ha dicho casi susurrando, haciéndome creer que estaba comprobando si todavía alcanzaba a besarle poniéndome de puntillas.

—Soy de altura mediana —le he dicho yo. Luego, al recordar que me puso los cuernos, he roto el momento mirándole por debajo del ombligo y susurrando—: pero todavía tengo la cabeza mucho más arriba que tú.

Dani es un ciclo. Con él el mundo siempre sale redondo. La naturaleza ha demostrado que la esfera es la forma geométrica más estable que existe. Pero Eva, tú y yo sabemos muy bien que mi corazón tiene vértices.

Sábado, 5 de octubre de 2019

# EL ÚNICO AMOR

Hola, Eva:

Puedo oír al hermano de papá celebrar. No sé de cuál de sus victorias alardea. Hasta hoy no he conocido otra derrota suya. Pero creo que *Soy* más; muchas más. Las pérdidas ligadas al silencio siempre pasan desapercibidas. Su risa es la boca de una hiena ante un león herido. Su culo, el de una calva gacela salvada por los pelos.

Estoy segura de que si llegara el día en el que para asegurarse el pan no solo le pidieran mirar hacia otro lado, sino ser la bala que matara a su hermano, lo haría. Yo solo deseo que el peso que cargo no sea suyo.

Eva, hace mucho que esta casa ya no es mi casa. El otro día pregunté a Ángel si una casa podía ser como un país. Él me preguntó si tenía algo que ver con el felpudo de la entrada del Centro que ponía «bienvenido a la república independiente de mi casa». Le mentí diciéndole que sí, que mi pregunta estaba motivada por ese felpudo.

—Entonces sería un país dentro de un país —me respondió pensativo—. Y creo que eso no es posible.

—¿Por qué? —le pregunté.

—Por muchas cosas —contestó con una sonrisa—. Pero sobre todo porque no tendría patriotas, y eso es lo más importante.

No logré entender si estaba bromeando cuando concluyó:

—¡El patriotismo!

—¿Eso qué es? —quise saber.

—¿El patriotismo? —Fijó los ojos en el tejado como si sus pupilas pudiesen opacar el cemento para observar las estrellas a través de él—. El patriotismo es el único amor que toma la forma de la cosa a la que más miedo le tenemos.

Sonreí al verle sonreír. Y quise hablarle de los boggarts. Luego pensé en el único amor que sentía en ese instante al acariciar mi barriga. Pero no me daba miedo.

—¿Qué forma tiene el tuyo? —le pregunté.

—Mi patriotismo... tiene forma de impuestos —contestó con una alegre sonrisa.

Martes, 7 de agosto de 2012

# A UN AMIGO

Hola, Eva:

Ayer soñé con él.

Estábamos en el despacho de papá sin su permiso. Había alfombras, cojines desgastados y almohadas. También muchos cordones de zapatos. Mis toallas. La colcha de mamá —que colocamos como chapa— hondeaba sobre nuestras cabezas como el movimiento de la superficie del mar visto desde los ojos de un buceador. El suelo eran las viejas sábanas que hacían de nuestra tierra un lugar con permiso para dormir en cualquier parte. Nos contamos un par de cuentos; rebuscamos pilas para la linterna. La pistola no estaba. Fingimos tenerle miedo a la oscuridad. Teníamos tiempo, muchísimo tiempo. Todo el tiempo de nuestro mundo. Retamos al sueño a la hora en la que los padres duermen a los hijos en otros países. Éramos felices. Y antes de despertarme, le dije:

—Amigo, ni que el más violento de los vientos pueda derribar nuestro castillo. —Coloqué mi mano en su hombro—. ¡Allí vienen los enemigos!

Me dio la espalda y le supliqué:

—Amigo, no te vayas. No te vayas, por favor, que este fuerte no es fuerte... si no estás conmigo.

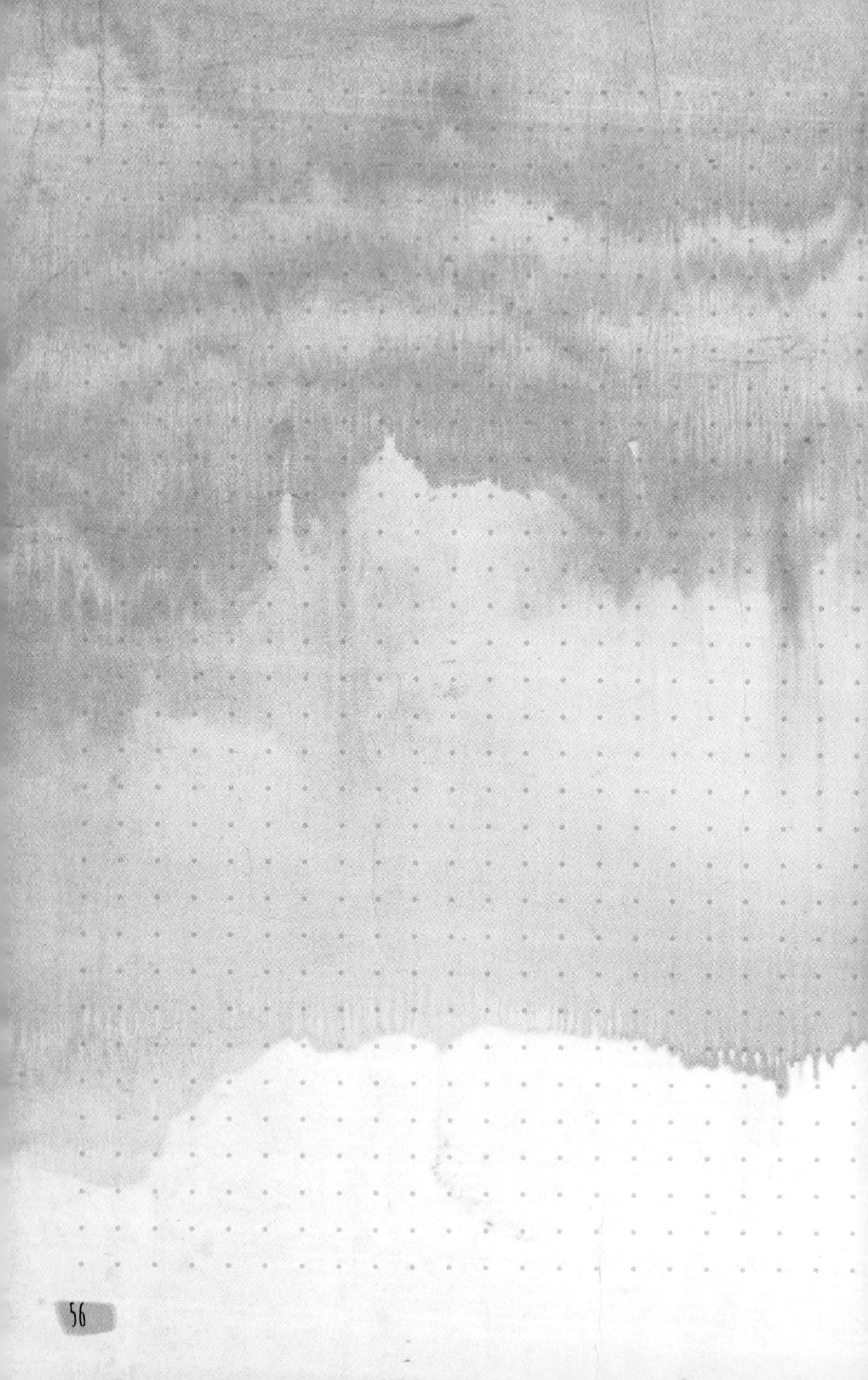

Jueves, 2 de enero de 2020

# ARRESTO DOMICILIARIO

Hola, Eva:

Nací muerte y ni me he dado cuenta. He llegado lo más lejos que puede llegar un ser humano que viene al mundo donde yo, y que ama con fervor, anhelo y respeto sus prisiones más íntimas: el país y la familia.

Nací *muerte*. Nací muerta. Eva, este país es un sicario. Mi familia un asesino a sueldo.

Domingo, 1 de febrero de 2004

# EL EDIFICIO ROSA

Hola, Eva:

No se me da muy bien hacer esto. Pero supongo que una buena manera de conocernos será contándonos cosas que nadie más sabe.

O. K. Esto no te lo he contado todavía. De hecho, no se lo he contado nunca a nadie: una vez salté desde un tercer piso. Una locura, ¿eh?

Yo era tan pequeña que todavía no tenía vigilantes. Y bueno, en realidad cuando salté el lugar aún no era una planta como tal, ¿sabes? Era un edificio en construcción: el rosa ese que ahora está lleno de oficinas y tiendas. En aquel nivel había un enorme collado de sacos de arena negra que usábamos para escalar como si fuese un trampolín. Era muy pero que muy peligroso. Circulaban todo tipo de historias sobre brujería y fantasmas que moraban allí. Nos santiguábamos unas diez veces al entrar. Y antes de saltar debíamos tener muchísimo cuidado para no cortarnos con los barrotes oxidados y las chapas de cinc. También debíamos ser extremadamente silenciosos para no despertar a los perros que vigilaban el edificio. Pero por encima de

todo estaba el inminente peligro de derrumbamiento. Los contrafuertes estaban debilitados por la lluvia y los años que lo tuvieron abandonado a medio construir. Seguro que también por la falta de talento de los pobres albañiles que tenemos en este país: niños que seguro hallaban más provechoso ganar un par de francos al día que ir a la escuela. En fin. No sé cuándo las cosas empiezan a ser lo que se pretende que sean, pero por aquel entonces ese bordillo era como un angosto y abismal acantilado para mis ojos.

En ocasiones me siento a pensar que no estaría mal que la raza humana fuese como ese edificio; que tuviésemos la capacidad de quedarnos a medio construir durante un tiempo. Al fin y al cabo, ya tenemos padres que nos inician sin saber que podrán terminarnos, ¿no? Solo hay que detenerse unos segundos a observar lo que significa ser un niño aquí para entender lo que es una infancia en constante peligro de derrumbamiento. Pero qué sabré yo, eso no tiene mucho sentido. Aunque sí hay personas que parecen tan peligrosas coma barrotes oxidados, perros rabiosos e historias de fantasmas. Supongo que para disuadir de entrar a cualquiera que no esté dispuesto a saltar; a lanzarse.

Me partí el labio al tocar tierra. Aterricé mal sobre la pila de arena que había en el suelo. Y al abrir los ojos me deshice de la sangre con un par de lametazos y me convencí de que sería capaz de esconderle la herida a mamá hasta que sanase. El corazón me latía a mil por hora. Sentí cómo el flujo de sangre recorría todo lo que conocía acerca de mi diminuto cuerpo. Estaba completa: nada roto. Tal vez tuviera alguna hinchazón más tarde o haría más caso del dolor al irse la adrenalina, pero no me faltaría nada. Me puse contenta cuando me senté y admiré lo que había conseguido. Recordé que mamá me contó que había nacido en la segunda planta del hospital general. Hace ocho años era el edificio más elevado que había en la ciudad. Lo que significaba que, aquello, era lo más alto que había estado jamás. «¿Por qué? ¿Por qué? ¿Por qué hiciste tal locura?», te dirás. Pues el motivo estaba allí conmigo, a mi derecha, con el corazón igual de acelerado que el mío: Dani. Nuestra relación cambió mucho después de aquel día. Su madre aseguraba que yo era mala influencia para él. Aunque creo que lo decía más por papá que por mí. Pero, bueno, ya te puedes imaginar lo divertido que se me hace escuchar a la gente decir: «Si tu amigo se tira de un puente, ¿tú también lo harías?».

Siempre que me preguntaban por qué lo había hecho contestaba que no lo sabía. Y tal vez era sincera entonces, pero dentro de mí tenía claro que lo hice por amor. No sé cómo explicarlo, pero Dani representaba todas las cosas que yo no conocía. Y de alguna extraña manera, conociéndole, ignoraba un poco menos de todo aquello que no sabía.

De pequeño, Dani tenía los ojos de lo que se suponía que debía ser un niño, ¿entiendes? Y esa hermosa mirada alegre y curiosa, cambió de repente aquel día. Estaba unos metros alejado, pero fue como si hubiese escuchado el segundo preciso en el que se detenía el corazón de mi hermanito. Él también saltó con nosotros; justo detrás de mí. Pero cayó sobre un bloque de cemento. Si cierro los ojos todavía puedo oír su risa acariciar mi pelo. Dani tenía los ojos, pero mi hermanito tenía la voz de lo que se suponía que debía ser un niño. A veces sueño con él, con los tres, de niños: tumbados sobre la arena negra, habiendo conquistado las alturas. Y él, con una sonrisa y tapándome el sol, preguntándome: ¿saltamos otra vez?

Eva, si esto sigue así voy a necesitar que tengas más hojas.

Creo que he acabado. Iba a poner una posdata, pero me he dicho: ¿De qué sirve añadir información posterior a algo que solo es para mí?

Bah, qué más da si no va a verlo nadie.

P. D.: Si tu amigo *no* se tira de un puente, ¿tú tampoco lo harías?

P. D. de la P. D.: No sé por qué no te he dicho su nombre con lo mucho que le hacía justicia; la costumbre, supongo. Se llamaba Amigo.

Miércoles, 9 de diciembre de 2009

# ¡AUCH!

Hola, Eva:

Me da absolutamente igual que el estúpido de Dani ahora salga con otra chica.

Por más que «ame» su perfección, siempre se acordará de quién le pisó los pies al bailar.

Porque duele.

¡Porque duelo!

Lunes, 29 de diciembre de 2003

# LA LUZ

Hola:

Te he encontrado en el sótano de la casa de Nana. Estabas en una vieja caja llena de viejas cosas, abrazada a un viejo Action Man que no se parece a nadie de por aquí; sí al hijo del embajador de Alemania.

Tu caja se llama —entre comillas—: Para Tirar. Es marrón. Era marrón.

Me abanicas cuando compruebo cuánto árbol tuvo que fallecer para que existas; reverberas mi sonrisa como solía hacer el pequeño ventilador que había en el despacho de mi papá. Y hueles bien, como los ancianos abandonados por sus hijos y a los que visitan nietos a los que olvidan poco a poco como huéspedes que dan gusto al marcharse. Me gustas porque estás igual de vacía que yo. Podrías ser mi primera amiga que no es como los de aquí.

¿Te cuento un secreto? El hijo del embajador de Alemania no me cae bien. Me gusta cómo habla, pero no le entiendo. Aunque eso sí, besa muy bien, y sabe contar hasta tres en español con los ojos cerrados, como el hermano de papá.

¡Mecachis! El boli tiene filtraciones. Mi diestra es un asustado pulpo de cinco tentáculos. ¡Dios! También se ha manchado mi impermeable amarillo. ¡Por eso nadie les habla a los bolis! *Mi querido Bic-tty.* ¿Te imaginas? Son más efímeros que los diarios. No sobrevivirían ni un solo día en una caja Para Tirar. ¡Ah! Te preguntarás por qué llevo puesto el impermeable en el sótano. Pues porque no me dejan quitármelo. Nunca se sabe dónde ni cuándo te puedes encontrar con una lluvia.

¡Aagh! Se me ha manchado la lengua también. ¡Qué asco! ¿Y a ti te gusta esto? Lo siento, pero... ¡ugh! Creo que acabo de cumplir la mayoría de la minoría de edad. Desde ahora mismo soy una adulta entre los niños por haber descubierto tres cosas. Hay un VHS que demuestra que de bebé me hicieron probar limón. Y por mi propia cuenta he descubierto que el fuego quema, que la electricidad da calambres y que la tinta es amarga. Y más aún, esto no se lo cuentes a nadie, ¿eh?, el otro día... cuando nadie me veía... me colé en la biblioteca y leí un diccionario para ESO y bachillerato. Yo sigo en primaria. ¿Ves? Hago cosas de mayores.

Se oyen muchos pasos, creo que vienen a llevarme al colegio. ¡Qué tedio! —tedio es aburrimiento, lo leí en el diccionario para mayores—. Hoy no toca clase con E. Te confieso que creo que la escuela es un complot para hacer amigos y enamorarse. La Lengua y las Matemáticas son las excusas que ponen los adultos para que eso suceda.

No me encuentran.

Voy a quedarme aquí abajo un rato más contigo, que arriba Nana no se acuerda de algo, papá sale en las noticias hablando de reformas constitucionales —en la radio, hablando sobre libros— y mamá me culpa con su silencio de la pérdida del ser más querido que saltó y pisó la faz de la tierra.

Me gusta escribirte. Contigo me olvido de la soledad.

Y... La verdad es que el sabor de la tinta no hace honor a su utilidad.

Martes, 27 de enero de 2004

# IRSE A DORMIR DEJANDO EL MUNDO HECHO UN CAOS

Hola:

Quería contarte que hay una pistola sobre la mesa del despacho de papá. No sé exactamente qué significa. Pero antes de tenerla, papá solo usaba el despacho para escribir cosas. Luego se iba a dormir y dejaba que el mundo malinterpretase sus palabras.

¿La verdad? No sé por qué estoy melancólica. No es la primera vez que veo el revólver de papá, y, además, hoy ha sido un gran día. En el colegio he sacado un diez en Música y Pedro me ha guiñado un ojo. En casa mamá me ha pedido que le pasase la sal. En *Noticias Internaciones* el embajador de Alemania se ha divorciado y su mujer se marcha a Berlín con su hijo.

Creo... Creo que solo soy una chica con tendencia a salir triste de los sitios en los que experimento una elevada sensación de felicidad. Los lugares bonitos que no son *Tú* tienen eso de hacerte recapacitar acerca de todo aquello que no tienes. O no eres.

Por cierto, he pensado que podrías llamarte Eva. ¿Qué te parece?

Domingo, 23 de septiembre de 2018

# FRÁGILES

Hola, Eva:

Todo se ha complicado en el Centro. No se aclaran sobre lo que hacer con el Evento y acaban peleándose entre ellos mismos. Me ha parecido surrealista. En mi cabeza ha sido como ver una pelea entre dos cosas que no saben lo frágiles que son. Como si un castillo de naipes se quejase de que un castillo de arena trajera viento a una pelea de olas. No se dan cuenta de que al final ambos acabarían siendo chabolas.

Domingo, 11 de junio de 2006

# DONDE NOS ENCONTRAMOS

Hola, Eva:

El profesor Ángel me ha visto, directamente a los ojos. Su mirar es diferente por encima de las gafas. El volcán del tiempo hizo Pompeya de su cabellera. Seguro que en su casa le consideran un hombre sabio. Uno de los nuestros, como si él fuese el pollino en el tren de Machado, le ha preguntado:

—¿Dónde nos encontramos?

Uno de los nuestros le interrogó más por una situación que por un lugar. Y el profesor, mirándome a mí y, después de sonreír y susurrar que le hacía feliz saber que deseábamos elegir, le ha contestado:

—La ignorancia es la única guerra en la que se puede vivir sin tener que elegir un bando. Este país *está* en una eterna relación con el menor de los males, y al mismo tiempo, coqueteando con todas las formas en las que puede ir aún peor.

Jueves, 26 de noviembre de 2015

# EL PRÓXIMO-PRÓXIMO

Hola, Eva:

Mamá me ha sonreído. O más bien ha sonreído compartiendo espacio conmigo en el salón. Cada vez nos separan menos asientos en el sofá.

Emitían un capítulo de *Friends* al que no prestaba mucha atención hasta que mamá sonrió cuando Joey les dijo a las chicas que un nuevo director de cine era el «próximo-próximo Martin Scorsese».

—De joven tu padre quería hacer cine —dijo mamá sin mirarme—. Luego quiso ser pintor.

Mamá tosió una risa cargada de nostalgia.

—¿Y qué pasó? —pregunté.

—Que su falta de talento para la escritura era menos evidente.

Todo lo que nos rodeaba desapareció. Quedamos solo ella, su sonrisa y la mitad de mí que todavía creía que podíamos volver a querernos.

Eva, me he dado cuenta de que simpatizo de forma engañosa con la sensación de que se preocupen por mí. Por favor, recuérdame que a veces la atención se disfraza de ayuda. Para que cuando dejen de prestármela me compre socorro. Porque es lo que necesito.

Lunes, 10 de mayo de 2004

# LA BODA

Hola, Eva:

¡Me he casado!

Y eso que el día ha comenzado algo complicado cuando el hermano de papá, de la nada, ha soltado:

—Siempre me ha impresionado leer las dedicatorias de los libros que ponen para: algún precioso nombre común como María o Lucía, mi esposa y amiga. ¿Quién es amigo de su esposa? Las mujeres son como los hijos, no pueden ser nuestras amigas.

Entiende que tengo doce años —bueno, los cumplo en unos meses— y me ha sorprendido enterarme de que el tío, ese hombre vago que no solo aparenta veinte años más de los cuarenta que tiene, sino que también es más bruto de lo que su apariencia escuálida y su voz de pito le deberían permitir... lee.

Así es Eva; hoy, en medio de una turbulenta conversación sexista unidireccional, me he enterado de que ese odioso tipo... lee libros... ¡Increíble! En este país la mayoría de los niños aprendemos a abrir una botella de cerveza antes que un libro. Bueno, yo soy una niña, y la realidad es que a nosotras nos enseñan a servirlas antes que a beberlas. Para nosotras lo de leer viene en tercera posición, justo por detrás del curso intensivo de ser esclava.

Enterarme de que mi tío no es un completo analfabeto no iba a gafarme el día. Porque en contra de lo que piensa él sobre las relaciones entre los hombres y las mujeres, yo iba a casarme con Kukín, mi mejor amigo. Sí, el que sustituyó a Dani.

Eran las 12:54 según mi reloj digital Casio. La boda estaba a punto de comenzar.

—¿Es una decisión de vida o muerte o una decisión del día a día? —le pregunté a Kukín.

Se quedó en silencio durante unos segundos. Sabía que me estaba refiriendo a nuestra boda y a la frase de Ch que hay en el baño mixto del polideportivo.

—Cuando le he dicho a mi mamá que hoy nos casábamos, se ha reído y me ha preguntado si habíamos firmado la separación de bienes.

—¿Eso qué es? —me preguntó Kukín.

—Un trato o algo así. —Se rascó la nuca como cuando no entiende una cosa con exactitud—. Para que si un matrimonio se divorcia la mujer no se quede con las cosas del hombre.

—¿Y el hombre sí puede quedarse con las cosas de la mujer?

—No, no —me retracté—. Mmm... es para los dos. Si hay divorcio cada uno se queda con lo que era suyo antes de casarse.

—Yo no tengo nada. Tú eres la que está forrada.

—Mis padres lo están. —Puse los ojos en blanco—. Yo tampoco tengo nada.

Los dos nos quedamos en silencio y mirando a ninguna parte. Estábamos esperando a que Esperanza nos diese la señal para entrar.

—Bueno. Yo soy feliz. Tengo felicidad, si es que eso vale. Podríamos separar nuestras felicidades —sugirió no muy seguro de que sus palabras tuviesen sentido—. Tú tu felicidad y yo la mía.

Le cogí de la mano y comencé a reírme.

—Yo también tengo felicidad. Pero para hacer lo de la separación de bienes hay que firmar un papel —hice una pausa—. Y yo no sé firmar —añadí sin mirarle, justo cuando sonó la música que nos indicaba que podíamos entrar.

Sonrió. Me miró y sonreí. Dejé de mirarle y él dejó de mirarme. Luego volví a mirarle y sonrió otra vez al verme sonreír.

—Mientes —me susurró—. Sí que sabes firmar... Es solo... Es solo que no quieres hacerlo.

La música de la radio de pilas que compartían la profesora de Inglés y el profesor de Música para no dar sus clases sonaba alta. Los chicos mayores jugaban al fútbol impasibles de lo que ocurría, pero los más pequeños estaban reunidos alrededor de la caseta con más ganas de entrar a comer y bailar que curiosear. La nuestra no era la primera boda que se celebraba en el colegio ni tampoco la última. Incluso cabe la posibilidad de que esos chavales de primaria se hubieran casado más veces que yo en sus barrios. Jugar a las bodas es bastante común entre los niños pequeños. Te confieso que yo me he casado ya un par de veces —entre los cuatro y los nueve años— con Dani, con el tío, con algún que otro vecino hijo de una persona muy importante, con un primo de esos que no son de sangre y con el Action Man de papá que robé de la casa de mi Nana. Pero Kukín nunca lo había hecho, y por eso acepté casarme con él. Ahora que lo pienso, por más estrictos y reacios que sean nuestros mayores a las relaciones de noviazgo entre niños, nunca he escuchado una sola queja sobre las bodas entre menores, aunque fuesen solo un juego. Supongo que lo verán como algo cultural... inocente... simbólico, quizá. Una forma subliminal de que aprendamos lo importante que es casarse antes de hacer cualquier otra cosa. Cogerse de la mano, besarse, hacer el amor, querer, amar, tener hijos... todo eso debe venir después del matrimonio —el de verdad, por la iglesia o tradicional—, con un cura, unos ancianos, alcohol —muchísimo alcohol—, una dote y una gran fiesta con mucho más sobre la mesa que los bocadillos de mortadela para el recreo.

—¡Niños... niñas... Estamos aquí reunidos para unir en santo... falso matrimonio a estos dos jóvenes! —dijo Esperanza imitando el solemne y pausado tono de voz del padre Juan Francisco, el profesor de Religión—. K, Kukín, José Ángel. ¿Aceptas a...?

—Sí, sí —interrumpió—. ¡Acepto!

—Mmm, de acuerdo, míster romántico. —Puso los ojos en blanco—. A ver, tú...

—Sí, acepto —dije velozmente—. Lo siento. Continúa.

—Tú. ¿Aceptas a este caballero como esposo? —señaló a Kukín con dejadez.

—Sí, acepto —contesté con una sonrisa.

—Pues por el poder... No. Por el título de maestra con mención en bodas para alumnos con necesidades amorosas especiales que me ha conferido la Universidad de Granada, yo os declaro... marido y mujer. —Oteó a Kukín con esa mirada suya de «no te pases que nos conocemos» y concluyó—: Puedes abrazar a la novia.

Él me abrazó y yo le di un beso en el cuello. Esperanza se unió al abrazo. Y luego el resto de la clase, gritando y pegando golpes a todo lo que producía un sonido medianamente musical: la pizarra del fondo, las chapas de colores que hacían de paredes, el suelo de cemento y alguna que otra espalda:

—¡Auch! —me pegaron—. Hijo de...

—¡Es una decisión de vida o muerte!

Creí entender que Kukín me chilló al oído. La culpa de que no le entendiese bien fue más por dolor del golpe que me habían propinado que por el ruido.

—Nuestra boda —repitió al ver mi expresión de confusión— es una decisión de vida o muerte... pero de esas que se toman cada día.

Sonreí; él sonrió. El ruido aumentó cuando pusieron música en la radio de pilas y no nos escuchamos, pero sí nos leímos los labios:

—Te quiero —él.

—Te quiero —yo.

Lunes, 11 de abril de 2011

# LA INJUSTA EXCLUSIÓN DE CH

Hola, Eva:

He conseguido eludir al guardia. Vengo del funeral de Christian.

Había un pequeño altar en una esquina de la caseta, con flores y una foto enmarcada de Ch para recordarme, como una incesante tortura, que a esta ciudad todo llega con un poco de retraso: los diagnósticos correctos, los medicamentos y hasta los permisos y visados para poder evacuar a un chaval de dieciocho años al que le ha dado una parálisis cerebral.

Todo el mundo me miraba a mí. Papá y mamá me lo advirtieron. Incluso me dijeron que corría peligro, pero habría sido una falta de respeto no ir, ¿me entiendes?

Todo llega con un poco de retraso aquí. Es como vivir en una retransmisión de un directo del resto del mundo. O como cuando el del telediario de La 1 de Televisión Española dice: «Una hora menos en Canarias».

La primera vez que me di cuenta de la brecha espacio temporal que tenemos con el resto del mundo fue hace unos meses. Ya sabes que de pequeños nos inventamos lo de llamarnos con las iniciales de nuestros nombres. Pues a Christian estuvimos llamándole Ch durante años hasta que unas semanas después del 6 de noviembre de 2010 Esperanza llegó indignada a la clase para anunciarnos que la letra *ch* junto con la *ll* habían sido excluidas del abecedario por la Real Academia Española. Y el mosqueo no fue porque les tuviese un aprecio especial a esas no-letras, sino porque hacía casi un mes que en los colegios de España se pasaba de la *c* a la *d* y de la *l* a la *m*.

Me pregunto si en Canarias dejaron de cantar che y doble ele en el abecedario una hora después que en Madrid.

La verdad es que Christian era un chico bastante particular. Era igual de listo que Kukín, y era tan bueno y cariñoso como Esperanza. Le gustaba escribir mucho más de lo que le gustaba leer esos cómics de superhéroes que estaban en inglés. Probablemente, de mayor habría sido escritor. Probablemente un escritor que tartamudearía; probablemente un escritor que se esforzaría por pronunciar las palabras, luchando contra esa enfermedad que le impedía hablar con normalidad. Probablemente bajando el volumen de sus audífonos para no escuchar las burlas y las risas de los cerebros vacíos de turno que se sentaban al fondo del aula. Probablemente con su imborrable sonrisa. Probablemente añadiendo una de sus locas reflexiones no recomendadas para mentes cortas como la mía. Algo como lo último que escribió cuando éramos pequeños en el Muro de las Verdades —por darle nombre a la pared con azulejos blancos del baño mixto del polideportivo—. Antes de irse, en un espacio limpio, rodeado de un «Marina, te quiero», un «Chúpame la "pollita", Deogracias» y un «No hay papel higiénico, hijos de puta», firmado por un tal José Ángel Estuvo Aquí, estaban las palabras de Christian: «Es mucho más fácil tomar una decisión de vida o muerte que una decisión del día a día».

Creo, probablemente, que de no haber muerto, Christian habría sido una de esas personas que rompiesen esa brecha espacio temporal que tenemos con el resto del mundo.

Probablemente.

Sábado, 21 de septiembre de 2019

# MONSTRUOS

Hola, Eva:

Hoy, después de mucho tiempo, he hablado con papá. Creo que sin querer le he estado evitando, aunque todavía no se me nota tanto la barriga como pensaba.

En la televisión había un documental sobre cómo se hacían los muñecos de la serie *Barrio Sésamo*. Y de la nada, al tiempo que se preparaba un bocadillo y como si hablase consigo mismo, me dijo:

—En este país hay muchos monstruos.

El corazón se me subió a la garganta. Tuve miedo de que se hubiese enterado de mis salidas para ir al Centro.

—¿De dónde salen? —le pregunté.

—Los creamos nosotros mismos —me contestó—, los criamos, los tememos, los matamos y...

Se detuvo en seco. Parecía vacío por dentro, allí frente a un cuarto de barra de pan francesa con salchichón importado.

—¿Y?

—Y luego contamos sus historias —contestó tras unos segundos.

Vi una oportunidad de ahondar un poco más en el hombre que no conocía. Me acordé de la canción de Lukas Graham donde dice que descubrió muchas cosas acerca de su padre después de muerto. Me di cuenta de que esos versos hacían referencia a lo que le contaron sobre él las personas que le conocieron. Y yo no conozco a las personas que conocieron a papá. Cuando se vaya, nadie me contará cosas de él que no sepa ya.

—¿Por qué? —le pregunté.

—Porque si la contasen ellos mismos no serían monstruos en ellas. —Me dio la espalda y le pegó un bocado al saliente salchichón.

—No, papá. ¿Por qué los matamos? —reformulé—: A los monstruos.

—Porque los tememos —me respondió sin mirarme a los ojos, absorto en el documental de las marionetas de colores.

—¿Por qué los tememos?

—Porque los criamos —me contestó como si le estuviese robando tiempo de vida.

—¿Por qué los criamos?

—Porque los creamos.

Me miró de repente. Sus ojos eran los mismos que los de cualquier escritor que veía venir una nueva idea.

—¿Por qué los creamos?

—Porque los necesitamos —concluyó.

Eva, me necesitan.

Domingo, 16 de febrero de 2020

# NUCLEAR

Hola, Eva:

Nos lo han arrebatado. Nos lo han quitado todo.

Siento que hay una nube de hongo pululando sobre mi cabeza. Mi cerebro explota una y otra vez. Soy devastadora. Y reactiva. Si sigo así nadie podrá vivir en mí en muchos años. Ni si quiera ella. O él.

Encontrar paz en sentirse irrelevante es como una bomba de relojería, ¿sabes? Porque llega el día en el que quieres... ¡importar!, y haces lo que sea necesario para ello. Y haces lo que sea *innecesario* para ello.

Me acuerdo de cuando Nana le dijo a un niño del pueblo que soñaba con ser escritor como papá:

—Si creas el ambiente adecuado, no dejas otra opción que no sea respirarlo.

No dejar alternativa para el fracaso, Eva. De eso se trata.

Aquel niño también soñaba con ser presidente. Y Nana, tras sonreír con los ojos tristes, pero al mismo tiempo cargados de una esperanza hasta entonces jamás vista por mí, hizo gala de su peculiar sentido del humor, y le dijo:

—Pues serás el primer segundo presidente en mucho tiempo.

En la caravana de vuelta a casa Nana me preguntó si había escuchado su conversación con aquel niño. Le contesté que sí. Y ella, sin mirarme, me dijo:

—Es algo necesario. Que los niños sueñen con querer ser presidentes es algo necesario. Porque significa que es posible. La serendipia es una ley que no se da con los anhelos. Nadie se encuentra con un deseo que jamás ha soñado. Pero quien lo hace, ha de tener mucho cuidado. Porque puede no estar hecho para él o ser su destino.

Eva, mañana es el gran día. La barriga me pesa. Y lo necesario me cansa.

Domingo, 24 de julio de 2016

# LA GALLINA CIEGA

Hola, Eva:

Un señor lee sentado en la acera. Reconozco la portada. En esa novela Estanislao Medina dice que en este país unos pocos se han apoderado de la responsabilidad de cuidar de todo el mundo. Es irónico porque a la gente de aquí no le gustan las responsabilidades.

Niños corretean en la carretera. Huyen de otro que lleva una camiseta que rodea su cabeza desde la nuca hasta los ojos. Al unísono le cantan la historia de una gallina ciega que busca a sus polluelos. ¿Te he contado el cuento que escribí sobre el juego?

«Todos en la granja gritaban y aplaudían pletóricos.

»—Querido viento —dijo la gallina que, contra todo pronóstico y desafiando las leyes de su naturaleza, consiguió volar durante la exhibición—. ¿Cómo hago

para diferenciar los aplausos sinceros de los que no lo son? ¿Cómo hago si no puedo ver?

»El viento envolvió a la gallina en una suave brisa y le susurró al oído:

»—Haz como que caes... y escucha quién lo celebra. El odio no sabe ser introvertido».

Viernes, 8 de diciembre de 2017

# HBO

Hola, Eva:

Dani y yo nos hemos separado de nuevo. Recuérdame que pruebe: Amor Propio. Un mes gratis || Sin permanencia.

Que quererse cuesta lo suyo.

Te juro que no sé por qué siempre vuelvo a él. No sé por qué olvido como las personas que pasan página en dirección contraria.

Domingo, 22 de febrero de 2015

# Y ÉL TAMBIÉN

Hola, Eva:

Dani es como esas personas que están hechas a prueba de cosas extraordinarias. Esas personas a las que las simples: matan. Eva, no habrá lujo en esta vida ni lluvia que cubra tanto su espalda como mis besos. Esa es la idea, esa es la intención. Que el tiempo me lo conceda.

Y él también.

Martes, 16 de julio de 2013

# EL MEJOR DÍA DE MI VIDA

Hola, Eva:

Cuando creces y te das cuenta de los problemas de tu familia, sientes que, hasta entonces, tu cuerpo y tu mente habían estado de vacaciones.

¿Te he hablado sobre mi primer mejor día de mi vida? Sí, todas las personas tenemos uno, y luego se van sumando a una lista de «mejores días de nuestra vida», como una *playlist*.

Mi mejor día más reciente fue hace unos meses, con Nana, cuando me contó lo enamorada que estuvo del abuelo. Unos años más atrás se encuentra la cuarta vez que hice el amor con Dani. No tengo una lista de mis peores días, si la tuviera las primeras tres veces que lo hicimos adornarían el *top* cinco, sin ocupar los primeros puestos que le pertenecerían al tío.

El primero de todos sucedió pocos meses antes de nacer Amigo.

—¿Estás listas? —me preguntaba mamá todas las mañanas al ponerme el impermeable amarillo por si llovía. Y yo, con la precisión de un reloj, contestaba:

—Sí, estoy lista.

Íbamos de camino al colegio en el coche del tío. Mamá estaba superembarazada de Amigo.

En la ciudad se decía que los perros podían ver y sentir a los brujos. Y que no paraban de ladrar por la noche porque los estaban ahuyentando. También se decía que los bebés podían sentir la bondad en las personas. Papá tuvo un perro llamado Tuyo que no dejaba de ladrar, pero yo nunca he tenido muy claro lo de los brujos. Sin embargo, lo de los bebés sí creo que es cierto.

«¿Tú qué opinas? —pensé con la mirada fija en el vientre de mamá, intentando comunicarme con el pequeño monstruo que no se decidía a salir de ella—. De tío, me refiero. ¿Qué opinas de él? Yo creo que es un buen hombre».

—¿Sabes que no puede entenderte, verdad? —me dijo mamá.

La miré sorprendida, no entendía a qué se refería.

—Tu hermanito —añadió ante mi cara de embobada—. Si le hablas por telepatía no puede entenderte.

Me sonrió como diciéndome que todo este tiempo, desde que se quedó embarazada, sabía que yo hablaba a mi hermanito en mis pensamientos.

—Para que te escuche —inclinó la cabeza hasta tener los labios pegados a su barriga— tienes que susurrarle de cerca, así: hola, pequeño. Soy tu mami. ¿Estás ahí?

El bebé dio una patadita, o un puñetazo... o un «hola, sí, estoy aquí».

—¿Quieres tocarlo? —me preguntó.

Se me abrieron los ojos como si la ilusión tirase de ellos con todas sus fuerzas. Hacía meses que no le tocaba la barriga a mamá porque a papá no le gustaba.

—Sí —contesté al tiempo que me desabrochaba el cinturón para poder estirarme y que mi mano alcanzase su vientre—. Hola, pequeño. Soy tu hermana —susurré—. ¿Estás ahí?

Con la primera patadita me asusté un poco.

Tres pataditas, cuatro, siete. El pequeño estaba muy hablador, encantado de conocerme o a punto de rajar el vientre de mamá como esos bichos de esa película del espacio.

Mi madre agarró mi mano y la metió por debajo de su enorme ropa.

Calor, sentí calor cuando mi palma entró en contacto con su barriga; calor, como si una llama se encendiese en medio de un desierto de hielo y nada ni nadie pudiese apagarla. Se me humedecieron los ojos; el corazón se me desaceleró; se borró la sonrisa que vestían mis labios; la piel de mi cara envejeció y no sé cómo, pero experimenté la mayor felicidad que jamás había sentido.

Mamá me sonrió y no me fijé en el tío, pero pude sentir que él también estaba sonriendo. Él también estaba feliz.

Un coche se saltó un semáforo en rojo haciendo sonar la bocina y mamá me indicó que me volviese a poner el cinturón.

—Aquí están todos locos —dijo el tío—. ¿Estás bien?

Me lo preguntó colonizando mis ojos con su mirada. Sus pupilas se movían a la velocidad de la luz, como si estuvieran analizando cada una de las cataratas de las mías.

No sucedió nada grave. Solo un loco a varios metros saltándose un semáforo... el día a día en las calles de la ciudad; rutina cuando no íbamos con papá.

—¿Vosotros estáis bien? —le preguntó a mamá.

—Sí, estamos bien —contestó esbozando una sonrisa al tiempo que se acariciaba la barriga.

Eva, te juro que mamá irradiaba como un sol recién nacido. Su belleza era tan inevitable como que el barro se deshace con la lluvia. Cuando caminaba le abrazaba un ahora que jamás aguardaría a la muerte para darse cuenta del valor de la vida. Era fuerte y dulce, como una patrona que acepta que sus tacones forman un sindicato, hartos de que ella los culpe por no saber bailar. Amaba como si tuviese un corazón de más por si alguien viniese a amarla solo de visita. Un corazón que roto le serviría a cualquiera como crítica constructiva de cómo no tratar a un ser querido. Y cuando me besaba, no me besaba, le servía tributo al ser humano que inventó los besos en la frente. ¿Sabes algo, Eva? Cuando estás destrozada, en tu peor momento; allí, cuando te miran a los ojos y te dicen «te quiero», casi te lo crees de verdad. Casi te crees que alguien en este insólito mundo, más allá de tu madre, de verdad te pueda amar. Casi lo sientes, como si fuese devastadoramente cierto, real.

—¿Qué pasa? —me preguntó mamá con una sonrisa en la boca. Sin darme cuenta, me había quedado mirándola a los ojos.

—Nada —contesté. No sabía por qué había dicho «nada» cuando en realidad me moría por decir «todo»—. No pasa nada.

Deseé gritarle que tenía los ojos más bonitos del mundo.

—Nada —musité.

«Es solo que, hoy, es el mejor día de mi vida», pensé.

—¡Cuidado con el gato! —chilló mamá mientras el tío intentaba aparcar el coche marcha atrás.

—¿Le he dado? —preguntó asustado el tío.

Todos nos quedamos en tensión unos segundos.

—No —dijo mamá con tono de alivio al aparecer el gato por el lateral del coche paseándose con esos aires de tener siete vidas.

Mamá miró al gato caminar y yo solo pude pensar en que no le entrase la vena sensible y decidiese adoptarlo. El muy chulo desapareció tras una esquina y mis miedos desaparecieron con él. Aquel habría sido el cuarto gato que mamá decidiera adoptar para cuidarlo durante unos meses y luego regalárselo a alguna de sus amigas mujeres de algunos amigos de papá. Mi odio hacia los gatos... —¿odio?— sí, mi odio hacia los gatos se debe a que mi madre les presta mucha más atención que a mí. Creo que tiene que ver con algún rollo de la mala suerte por un gato al que mató cuando era niña... o eso dice Nana.

—Si de repente... —susurró mamá sin apartar los ojos de la ventana al tiempo que se acariciaba suavemente el vientre. Por el tono de su voz supe que no me estaba hablando a mí.

—¿Qué ibas a decir? —preguntó el tío ayudándose del retrovisor para mirarla. Igual que yo, se había dado cuenta de que mamá había decidido callar lo que iba a decir.

Mamá me miró y luego desvió la mirada al retrovisor para ver al tío. Creo que estaba decidiendo si lo que iba a decir no sonaría como una tontería si lo dijera en voz alta.

—¿Y si nada de esto fuera real? —dijo segundos después de perder de nuevo la mirada a través de la ventana—. ¿Y si todo lo que nos cuentan desde que nacemos no fuera verdad?

Empañó el cristal con su aliento para dibujar un corazón con el dedo.

—¿Y si no existe el amor? ¿Y si no se puede huir para ser libre? ¿Y si no se puede empezar de cero? ¿Y si todo eso fuera mentira? —añadió como si fuese la conclusión a una conversación que ya habían tenido.

Miré a mamá. Parecía que eran sus ojos y no el cristal los que habían sido empañados con un bostezo y un corazón que se desvanecía.

—Si nada de lo que nos han contado es verdad... —dijo el tío—. Si nada de esto es real... Si la felicidad es una mentira... me gustaría que me siguieran mintiendo un poco más.

Solo con una mirada mamá me indicó que me bajase del coche:

—¿Estás lista? —me preguntó.

—Sí —contesté.

Todas las noches deseo que mamá me hubiese preguntado si estaba lista para que dejase de mirarme como si fuese su hija. Ojalá, Eva. Ojalá, para poder decirle por primera vez: «No, no lo estoy».

Martes, 24 de abril de 2018

# SIEMPRE UN PASO POR DELANTE, HACIA ATRÁS

Hola, Eva:

Jamás seremos tan intrépidos como las moléculas que se rebelaron para crear el universo, ¿verdad?

Ayer se inauguró un nuevo cuartel cerca de casa. Si hacen prácticas de tiro la teoría se podrá escuchar desde mi habitación. Matar es un proceso educativo que siempre encuentra nuevos enfoques.

Eva, aquí estamos siempre a la vanguardia de las desigualdades.

Jueves, 30 de noviembre de 2017

# CARRERA ESPACIAL

Hola, Eva:

Anoche antes de acostarme seguí a un avión con la mirada hasta que desapareció entre las nubes. Por un breve momento imaginé que yo era una nave espacial.

Eva, ¿soñarán los astronautas con ovejas alienígenas?

Veintiocho mil cincuenta kilómetros en todas las direcciones desde mi cuerpo, los niños no anhelan nada. Hace unos años sus padres soñaron por encima de sus posibilidades. Ahora los militares apuntan con sus fusiles a la cabeza de cualquiera que fantasee con ser un poco más. En la radio nacional llaman estabilidad a un objetivo que pone límites presupuestarios sobre lo que se puede querer llegar a ser. El destino no cree en nadie de por aquí.

Eva, acabaremos teniendo que pedir visados a otros países para poder ir a la luna. Se creará el estrecho de Ozono, un lugar antinatural en el que se producirá la unión entre el mar Mesosfera y el océano Termosfera. Las noticias dirán que pasar de morir ahogados bajo el mar a morir en el firmamento es un avance.

A nuestra conquista siempre podrán venir todos los que tanto echan de menos el pasado. Aquí fuimos y siempre seremos los primeros en llegar al planeta Cuánta Distancia Podemos Poner Entre Unos y Otros.

Martes, 8 de junio de 2010

# EL OTRO ESPACIO

Hola, Eva:

Hoy ha llovido. Y hace años que el impermeable amarillo ya no me cabe. No te preocupes, yo no me he mojado. Pero abajo en la cocina, entre todo el revuelo, se oyen llantos. El hijo de una de las cocineras le ha preguntado de dónde vienen las armas. No sé qué le ha contestado ella. Supongo que hubiera sido un buen momento para hablarle de las cigüeñas. Ojalá no crezca para ser el titular de la noticia de otra persona.

Eva, la gente debería venir con el espacio que ocupa tatuado en el pecho. Para que antes de arriesgarnos sepamos de antemano el vacío que dejará si se va.

Miércoles, 15 de agosto de 2012

# LOS ALQUIMISTAS

Hola, Eva:

Me he cruzado con el profesor Ángel. Ha sido una casualidad que no parecía una casualidad. Le vi yo a él y me acerqué. Estaba leyendo un libro de poesía de un escritor que antes me gustaba y que ahora forma parte del grupo al que llaman nuevos poetas. Me ha preguntado si todavía les leía y le he dicho una verdad a medias al contestar que no.

—Son como unos alquimistas modernos, intentando transformar esta cómoda vida en oro —me ha dicho alzando el libro hasta su pecho—. Yo he crecido con poetas que vivían y morían en un tiempo en el que no era tan necesario bailarle el agua a nadie. Estos pobrecitos escriben en una incesante batalla para ver quién es capaz de suscitar más emociones haciendo el menor daño posible a los demás. Escriben coartados aun sin correr verdadero peligro; son libres, pero sin li-

bertad. Encuentro interesante ver cómo se esfuerzan por decir la verdad sin ofender a sus lectores.

—Pero eso es imposible —le he contestado.

—¡Ah!, pero es un trabajo. —Me ha sonreído.

A veces tengo la sensación de que intenta convencerme de alguna cosa. De algo imposible.

Martes, 4 de marzo de 2014

# LO MISMO DE NUNCA

Hola, Eva:
Juro no repetir mañana otra vez
los mismos errores de siempre.
Porque prometo que *seré* mejor..., ayer.

Viernes, 2 de enero de 2015

# POLÍTICAMENTE DANI

Hola, Eva:

He vuelto con Dani.

No tengo remedio, lo sé.

Fui verdaderamente consciente de lo que sentía por él cuando éramos solo unos niños; en una tarde cuando ya se acercaba el final de las Navidades. Ya sabes que él no iba a mi colegio, pero una vez oyó a Kukín llamarme por la inicial del nombre y desde ese momento también comenzamos a llamarnos el uno al otro con las iniciales.

—¿Te han contado un chiste? —me preguntó Dani sorprendiéndome por detrás.

No me acuerdo muy bien, pero al parecer me pilló riéndome de algo.

—¿Y por qué sonríes así? —dijo con ese tono de curiosidad y sospecha que solo él sabía poner cuando sabía que yo sabía algo que nadie más sabía y que él también quería saber—. Parece que te han crecido más dientes.

Hizo una pausa y escrutó mi cara durante unos segundos.

—¿Qué ocurre? Hace meses que no te veía sonreír tan efusiva. Y no me creo que estés así de contenta por nuestra boda. Hace nada te parecía que era una tontería para niños... ¿Tengo algo gracioso en la cara?

Dani no dejaba de hablar y yo solo le miraba. Me gustaba escucharle inventarse razones por las que yo lucía cara de embobada.

—¿Te has cortado el pelo? —le pregunté.

—¿Qué? No —contestó velozmente, casi sin hacerme caso, inmerso en descubrir el porqué de mi sonrisa—. ¡Ya sé! Tu hermanito ha nacido.

—No —negué tranquila, disfrutando del espectáculo.

Se quedó en silencio, pensativo, buscando respuestas al ritmo del vaivén de sus pupilas en el rabillo de los ojos.

—La última vez que te vi así de feliz fue cuando nos dimos el primer beso.

Asentí levemente arqueando una ceja por la expectación a la conclusión que seguiría esa reflexión.

—Entonces, ¿te has dado un primer beso con otra persona? —No pude evitar reírme después de eso, y él tampoco.

—¿Por qué te interesa tanto saber la razón de mi enorme sonrisa? —pregunté dándole un «dulce» puñetazo en el brazo—. ¿No tienes suficiente con saber que soy feliz?

—La respuesta políticamente correcta sería decir que sí —respondió tomándose su tiempo solo como él sabía beber de cada instante conmigo—. Pero no, no tengo suficiente con eso. Me gustaría saber cómo puedo conseguir que luzcas esa sonrisa todos los días.

—Hablas como los hombres de las telenovelas.

—No veo esos programas. Mis padres no me dejan. No son educativos.

—Eres un niño viejito.

—¿Por qué?

—Porque dices cosas que dirían los mayores.

—Los mayores también me dicen eso. Entonces tú también dices cosas que dicen los mayores —replicó con intención de tener la última palabra, como si estuviésemos en una discusión de las nuestras sobre cómo el uno era mejor que el otro y viceversa.

—¿Sabes? Me parece que no voy a casarme contigo.

—¿Por qué? —respondió, sonriendo victorioso. Se creía que había conseguido sacarme del argumento sobre quién parecía mayor que el otro.

—Eres demasiado viejo para mí. —Le propiné otro puñetazo en el brazo.

—Te diría que me ha dolido, pero... la verdad es que pegas como mi abuela.

—Pues, ¿sabes qué? Los besos... que te los dé tu abuela.

—Eso ha sido un golpe bajo —respondió tranquilizándose—. Sabes que detesto los besos babosos de mi abuela.

—¿Sabes qué es un verdadero golpe bajo?

No le di tiempo a responder; le pegué un puñetazo en la entrepierna, salí corriendo y él comenzó a perseguirme por todo el patio del colegio. El universo entero se redujo a unos pocos kilómetros cuadrados de arena, mala hierba y el sol peleándose por un lugar entre nosotros. Mi corazón latía rápido y en cada pulsación sentía cómo la incontenible fuerza bruta de la felicidad recorría mis vasos sanguíneos. Él era más rápido que yo y se esforzaba por no cogerme; por prolongar el instante; porque, al fin y al cabo, hacía tiempo que me había alcanzado el corazón.

Eva, ¿sabes eso de cuando ves a una persona y tus emociones se multiplican por mil? Eso es lo que me pasa con Dani. Si estoy triste y le veo me pongo aún más triste porque sé que él me consolará; con él lloro como con nadie y me río hasta sentir mis abdominales. En casa tengo una vida poco recomendable para todos los públicos, y no tengo mucha experiencia sobre nada. Pero con Dani esta ciudad se hace un lugar un poco más habitable.

—D —le llamé, exhausta, rendida sobre el césped; con el residuo de las risas haciéndome cosquillas en los costados y con la mirada intentando alcanzar el límite del cielo.

—Dime, P —me contestó, acostándose a mi lado.

—¿Qué quiere decir políticamente correcto?

—Cuando los mayores dicen cosas para quedar bien ante los demás, aunque no las piensen del todo. Es como una semiverdad. O como... una mentira a medias.

—D.

—Dime, P.

—Nunca seas políticamente correcto. Conmigo, siempre la verdad. O la mentira al completo, ¿vale?

—Vale.

—¿Lo juras? —Le entregué mi dedo meñique.

—Lo juro. —Entrelazó su dedo con el mío—. Contigo, siempre la verdad, o la mentira al completo.

Lunes, 15 de febrero de 2016

# LOS DOS

Hola, Eva:

Quien te mira a los ojos y te miente una vez tiene miedo de perderte. Quien te mira a los ojos y te miente una segunda vez, y te quedas, sabe que tienes miedo de perderle. Y si sabes eso y no te vas, perdéis los dos.

Viernes, 28 de junio de 2019

# NAVEGAR

Hola, Eva:

O la existencia es una broma o Dios no tiene sentido del humor.

Lo siento mucho si últimamente hablamos muy poco porque estoy con la cabeza metida en el ordenador. No te pongas celosa. Sabes que siempre te elegiré a ti. Tú no le cuentas mis cosas a nadie. ¿Sabes de las ratas que se están comiendo mis pantalones? Pues ayer busqué información acerca de los roedores y ahora Amazon me sugiere, en todas las webs en las que entro, que compre una escalera para hámsteres. ¿Para qué quiero yo la Escalera Flexible de Madera Natural 3000 XL cuando lo que busco es un matarratas que no mate del todo? ¿De qué va la cosa? ¿Que haga como Netflix con su «ya que has visto *Terminator* tal vez te interese *Matilda*»? O, como te acostaste con Kukín *tal vez te interese* Ángel. Pues no, no me interesan ni la escalera ni Ángel. Que encima de todo ayer en el Centro me dijo que siempre estaba callada. Que para qué venía si era solo para escuchar.

—Eres una pseudoparticipante —me dijo con mofa.

—No te hacía por una de esas personas que le ponen el prefijo pseudo a todo lo que pretenden desacreditar.

—Yo a ti no te hacía por una persona que se compromete con las cosas a medias.

Ángel seguía sonriendo, pero sonó serio, como cuando al final se dice algo que se lleva guardando dentro mucho tiempo.

—Te dije que para mí ya no había vuelta atrás —le contesté—. ¿Qué quieres que haga? ¿De qué quieres que hable?

—De lo que te molesta. Estamos aquí para eso también.

—¿De lo que me molesta del Evento? ¿O de ti?

Me miró como si intentase leer entre las líneas de mis oscuras pupilas la intención de unos ojos que, aunque él no lo acepte, siempre dicen las cosas claras.

—Solo digo que estás... diferente.

De su boca salió que yo estaba distinta, pero sus ojos me escrutaron de la misma forma que se observa algo que nos resulta familiar.

—¿Estás embarazada?

Mi vida entera pasó por delante como una película. Exagero, solo las últimas semanas. Por cada día de metraje que analizaba las posibilidades se hacían más altas.

—Lo único que hacen es quejarse Ángel. —Desvié la atención señalando al grupo que discutía enfrente de nosotros—. Y a mí me es más cómodo navegar por la vida sin que absolutamente todo el mundo sepa las cosas que odio.

Mierda, Eva. ¡Mierda!

Viernes, 27 de mayo de 2005

# FÜR MIERDA

Hola, Eva:

Te he traído a mi colegio para que conozcas a Kukín.

Estamos tumbados sobre el césped.

—¡P, K! ¡Os vais a llevar una paliza del director! —chilla Esperanza acercándose a nosotros—. Siempre sois los últimos en entrar a la clase.

Coloca los brazos en jarra y nos escruta durante unos segundos.

—Mirad cómo os habéis puesto los uniformes. —Me señala—. Y tú ya sabes que no puedes quitarte el impermeable estando fuera. La hierba está sucia. ¿A que os quedáis sin ver la película? —advierte poco convincente.

Solo E es capaz de amenazar con tan poca convicción. Es evidente que ella, a diferencia del resto de paletos del colegio, no solo tiene formación universitaria como maestra de primaria y secundaria, sino que también tiene vocación. Y les cae tan mal a los otros profesores que meses después de comenzar en el colegio se ganó el mote de La E... Y la inicial no es por su nombre. Esperanza ha vivido casi toda su vida fuera y a los demás profesores no les agradan sus «ideas importadas» —su manera de pensar—. Se puede decir que odian que no se adapte a su deteriorada escala de valores sin principios. La E —de extranjera—, es un sobrenombre despectivo para recordarle que, aunque sus padres eran de aquí, ella siempre será una forastera para ellos.

Lo de Esperanza ocurrió cuando estábamos en primaria y se nos ocurrió la brillante idea de que, en clase, todos nos llamásemos por las iniciales de nuestros nombres en señal de apoyo. Tres años después la práctica se ha expandido y nos llamamos por las iniciales en todas partes.

Desde que ha comenzado la reprimenda de E, ni Kukín ni yo podemos evitar que se dibujen enormes sonrisas en nuestros labios.

—Ya estáis otra vez —dice Esperanza—. Os estoy echando la bronca y estáis sonriendo.

—Lo siento —me disculpo.

—No. Esta vez me vais a decir a qué viene eso de que siempre que os hable sonriáis como... Ni si quiera sé cómo sonreís. Así que, ¿quién será el valiente que me dirá la verdad? —Mira a Kukín intensamente. Nos conoce y sabe quién de los dos cantará primero.

—Mierda —musito al ver en los ojos de Kukín que está a punto de ceder y contarle nuestro secreto.

Kukín es muchas cosas, pero la valentía no es una de sus virtudes. Solo saca pecho cuando le pongo mis manos frías en la espalda.

—Esa lengua, señorita —me riñe Esperanza.

—Perdón. —Agacho la cabeza.

—Entonces —insiste—. K, cariño. Me ibas a decir...

—Es por tu voz —dice Kukín velozmente.

—Mierda —se me escapa otra vez.

—¿P? —me llama de nuevo la atención—. Hoy estás que te sales, eh. No más palabrotas. —Se agacha frente a Kukín—. Antes no te he escuchado. Dime, ¿por qué sonreís esta loca y tú siempre que abro la boca?

Kukín me mira como buscando mi aprobación. Y no tengo más remedio que dársela. La verdad es que él siempre ha querido decírselo. Yo soy la que se opone porque seguro que le parecerá una chorrada sin sentido.

—Por tu voz —repite Kukín—. Pensamos, P y yo, que tienes la voz más bonita que hemos escuchado nunca.

Aparto la vista y Kukín pierde la mirada en ninguna parte. Los dos estamos un poco avergonzados por la revelación.

Esperanza nos mira intermitentemente a uno y a otro durante unos segundos. Y con los ojos entreabiertos y el ceño fruncido, dice:

—Os referís a que no tengo el acento típico de aquí. Y yo que pensaba que ya empezaba a sonar un poco menos forastera. —Finge una carcajada—. Bueno...

—No —le interrumpe Kukín.

—Te dije que le parecería una chorrada —suelto, más decepcionada conmigo misma que con él.

—No es por tu acento, es por tu voz. No sé muy bien cómo explicarlo. No sabemos muy bien cómo explicarlo. —Me señala Kukín—. Lo sé. No tiene ningún sentido, pero... siempre que te escuchamos hablar es... —Cierra los ojos con fuerza—. No sé. Se siente como... Como que nada puede salir mal. No sé. Como que...

—Ni mil efectos mariposa... —susurra Esperanza como perdida en el hechizo de un recuerdo—. Tu voz me hace sentir que ni mil efectos mariposa podrían haber impedido que me enamorase de ti.

Algún recuerdo se apodera de sus ojos. Uno de esos que hacen cosquillas al cerebro.

—¿E? —la llamo—. ¿Estás bien?

Esperanza se tumba sobre el césped mirando al cielo.

—Mierda, le ha dado una insolación —dice Kukín.

—Esa boca —le contesto imitando el tono de Esperanza.

Ella me mira y suelta una carcajada.

—Me recordáis a mí cuando tenía vuestra edad. Bueno, unos cuántos años más. También había un chico que estaba loquito por mí.

Kukín y yo nos miramos. No estamos loquitos el uno por el otro. No lo estamos, ¿verdad? ¿Verdad?

—Y me dijo una vez —hace una larga pausa— que ni mil efectos mariposa podrían haber impedido que se enamorase de mí —sonríe—. Y el muy tonto solía cantar la melodía de *Für Elise* de Beethoven con la palabra mierda —añade con tono de incredulidad.

—¿Qué es un efecto mariposa? —pregunto.

—¿Dónde está él? —pregunta Kukín, más serio que antes. Y su pregunta suena mucho más impactante que la mía.

Se hace silencio.

—Le mandé a la mierda —contesta Esperanza.

Kukín me mira y me doy cuenta de que él también lo ha notado. Es la primera vez que la voz de Esperanza se escucha diferente; se siente diferente, como si sus palabras no quisieran ser palabras; como si su voz no quisiera ser voz... como si ella no quisiera ser ella.

Kukín y yo nos tumbamos colocados uno en cada lado.

—¿Sabéis? —dice con una sonrisa que sus ojos no avalan—. Creo que en lugar de intentar impedir que digáis palabrotas debería enseñaros cuándo usarlas.

Un impulso, como el que me invadió el día en el que le di el primer beso a Dani, me hace cogerla de la mano. Está temblando y me contesta sujetándome con fuerza. Por un instante siento que nuestras almas están conectadas.

—Y, ¿cuándo hay que decir palabrotas? —indago, lanzando mi pregunta al cielo en un susurro para los tres.

—Cuando el corazón lo necesite —responde mirándome a los ojos.

Se hace silencio; silencio de estar mirando el cielo, cuando Kukín entona la bagatela de Beethoven:

—Mie, mie, mie, mie, mie, mie, mie, mierdaaa, mie, mie, mierdaaa, mie, mie, mierdaaa.

—Mie, mie, mie, mie, mie, mie, mie, mierdaaa, mie, mie, mierdaaa, mie, mie, mierdaaa —acompañamos Esperanza y yo.

Su corazón lo necesita...

Y el mío también, aunque todavía no sé el porqué.

¡Mierda!

Jueves, 3 de octubre de 2013

# KERER, CON K DE KUKÍN

Hola, Eva:

Odio a las personas más listas que yo que no quieren juntarse conmigo.

No sé a qué ha venido eso. O sí lo sé y sencillamente me da pereza pensar en ello. En fin, Eva... en fin.

¿Crees que puede existir cambio dentro de algo que no cambia? ¿Un momento de orden en el caos? ¿O confusión en el equilibrio? En el parque de la catedral las abuelas ya no se llevan bien con las palomas. Las suelas de los zapatos son cada vez más altas. El Angry Birds ha ganado fuerza. Los niños andan cabizbajos, pero están en las nubes. Cada vez es más difícil tener los pies en la tierra, pero tampoco nos acercamos al cielo.

¡Qué criticona me he vuelto! Al menos crecer aquí todavía es algo mágico. En otra parte estarían esperan-

do la resolución a su residencia como muggles aguardando la carta para entrar a Hogwarts.

¡Kukín me ha dicho que me quiere!

Perdona por marear la perdiz con todo lo de antes.

Dice que podemos seguir siendo amigos. Pero cómo no va a cambiar nuestra relación ahora. Eva, tal vez he perdido a la persona que se dio cuenta de mi existencia mucho antes de que mi existencia se hiciese notar.

Ahora mis instintos piensan en él.

Viernes, 26 de abril de 2013

# APARECER

Hola, Eva:

K ha escrito esto para mí, dime qué te parece:

*Creí saber cosas*
*sobre la luz*
*hasta que sin brillo*
*llegaste tú.*

Lunes, 5 de noviembre de 2018

# UN SOPLO

Hola, Eva:

He llegado al fondo, a partir de aquí, solo puede ir *mal*.

«Qué fácil es hablar desde fuera». Esa es la frase que más se repite en el Centro. *Qué fácil es hablar desde fuera*. Eva, pero si ninguno está más dentro que yo.

He crecido entre una inmensa y brutal milicia que se repetía a sí misma en el corazón: «Matar la empatía. Matar la empatía. Matar la empatía». Sin que lo sepamos han asesinado a sangra fría nuestra capacidad de preocuparnos los unos por los otros. Somos un amargo pastel. Cada uno quiere su porción. El absolutismo cumple años todos los días. Nadie tiene la capacidad de desear nada. Pero en algún lugar del futuro un soplo de esperanza apaga las velas.

Eva, yo no vivo en la boca del lobo. La boca del lobo vive en mí.

Sábado, 1 de abril de 2017

# LA IMPORTANCIA DE RECITAR DE PIE

Hola, Eva:

Hay un niño, unos pocos años menor que yo, que viene al Centro y recita poemas. Algunos son de creación propia; otros, de poetas muertos. La mayoría de las veces nadie le escucha cuando declama. Otra mayoría de veces nadie le entiende. Y muy de vez en cuando las personas se levantan de sus asientos y se marchan. Yo siempre le observo desde lejos y no se ve pequeño, es como si mi vista le pusiese a escala de lo que representa y no a tamaño real.

Te cuento esto porque ayer me acerqué a él y le pregunté por qué nunca se sentaba cuando recitaba. Y él, como si ese hubiese sido su cometido en la vida, me contestó:

—Para ser siempre el último hombre en pie, por si todo el mundo se va. —Sonrió—. A veces la esperanza es lo primero que se pierde.

Eva, para él esa era su única guerra. Una que siempre ganará mientras le respondan las piernas.

Martes, 10 de noviembre de 2015

# TERAPIA

Hola, Eva:

He estado pensando en Dani.

Algunos de sus «hola» ponen mi vida en perspectiva. Algunos de sus «cómo estás» son terapéuticos para mis «estoy bien» que son mentira.

Miércoles, 3 de julio de 2019

# MÍO

Hola, Eva:

Me llamo Mío.

Y aquí —de donde soy— anochece todos los días del año a la misma hora.

Sobre las seis de la tarde el cielo se vuelve naranja oscuro; como el circulito de en medio de los semáforos para estar atento a los coches. O como el de arriba del todo del mismo color, el que dice que se puedo cruzar sin problema.

Los pájaros dicen que el cielo se ve así porque el sol se apaga mientras se esconde allí donde acaba el mundo. Papá no está de acuerdo con eso de que el mundo se acabe en algún sitio. Cree que entre los pájaros hay una conspiración para hacernos pensar eso. Se lo dijo un murciélago. Yo pienso que solo es una forma poética que tienen los pájaros para referirse al atardecer. Pero para papá eso es exactamente lo mismo porque no le gusta la poesía. Cree que la poesía es una conspiración de los humanos para creer en sí mismos porque a veces dudan de su propia existencia. Sí, mi padre es un tipo muy especial. Se pasa las noches observando las estrellas. Según él, allí, quieto mientras ellas se mueven, sirve de punto de referencia para que no se pierdan. Como si él fuese una diminuta X marcada en un mapa para que siempre encuentren su camino de vuelta al cielo. Nunca se lo he preguntado, pero creo que lo hace porque perdió a su mejor amigo. A veces me digo que quizá es capaz de hablarle desde el cielo. Pero no lo sé. No entiendo ese tipo de conexión porque nunca he tenido un humano. Siempre, desde que soy, hemos sido él y yo. Por eso quiero contaros cómo le conocí.

No me acuerdo de la edad que tenía, pero en años de humano diría que dos y medio. Estaba en un bar buscando comida, morando alrededor de la terraza a ver si algún humano me tiraba algo cuando le vi pasar. Cabizbajo, con las orejas desinfladas y la cola barriendo la ciudad. Iba por el medio de la carretera como si no le importase vivir. Ya había visto a muchos otros perros callejeros como yo antes, pero él era diferente: estaba limpio. Y no limpio de como cuando te bañas bajo la lluvia. Limpio de cuando te cuelas en un lavacoches en el que un humano ha dejado unos minutos el lavado con jabón. Era toda una paradoja porque, a pesar de tener la tripa llena, estaba triste, como si no tuviese alma, o instinto. Yo en cambio estaba en los huesos. Y la verdad es que todavía no entiendo cómo siendo tan pequeño conseguí sacar las energías suficientes para correr hasta él y embestirlo para sacarlo de en medio de la carretera justo cuando un coche iba a atropellarle.

—Que los humanos te convenzan de que no puedes ver colores es una cosa —le dije—, pero que no seas capaz de ver la luz de los faros del coche que viene a llevarte a una granja donde podrás jugar con otros perritos como tú...

—Déjame tranquilo, Golfo —me contestó irritado.

—¿Qué? ¿Quién es Golfo? Ese no es mi nombre.

—A ver, ¿y cuál es tu nombre? —preguntó arrogante y apático.

Me quedé bloqueado. Hasta hacía unos meses en aquel momento vagaba pensando que mi nombre era Fueradeaquí. Pero tras rondar muchos bares y oírselo decir a las camareras al dirigirse a algún humano borracho, lo capté: Fueradeaquí en verdad era mi apellido. No, no, es broma. No soy como mi colega Hodog, que se llama así porque se perdió justo el día en el que su humano, un americano de los que trabajan el petróleo, lo adoptó. Cuenta que salió corriendo tras un coche y que su humano, muerto de pánico, no paraba de gritar:

—¡*Hold the dog! ¡Hold the dog!*

Su historia me suena de algo, pero aseguraba que de allí le venía el nombre. Yo, sin embargo, aprendí lo que significaba «fuera de aquí» el día en el que me lo gritaron al tiempo que un plato de porcelana impactaba contra mi cabeza. De hecho, así fue como aprendí muchas cosas. Por ejemplo: a no dormir frente a los portales me lo enseñó un «quitaasqueroso» que vino acompañado de un cubo de agua sucia. A no ir tras los humanos me lo enseñó un «lárgate» sucedido de una patada en el vientre. Y a no jugar con los niños en los parques me lo enseñó un «nosabesdequiénespuedequeestéenfermo» que siguió a la mirada de desprecio más dolorosa que había visto. ¡Mira!, casi como los humanos, aprendiendo a base de golpes, como dicen que hace la vida con ellos.

No dije nada durante un rato mucho más largo del que me pensaba. Así que, el que iba a ser mi futuro padre, se incorporó y, como decepcionado consigo mismo, gruñó:

—Qué pregunta más absurda. Claro que no tienes nombre.

—A ver, a ver —contesté rápidamente—, no tengo un nombre como tal, pero... de normal respondo a «¡Ey!», «Guau-guau», «Busca-busca» y un amplio y heterogéneo abanico de silbidos.

—Genial —susurró con indiferencia.

—Vale, vale, don limpio —dije con ánimo de burlarme. Pero me salió mal—. Seguro que tienes un nombre guay de esos de humano como... —Pensé en los nombres que me sabía— ...San Miguel o McDonald's. Por eso te crees mejor que yo, ¿eh? Porque hueles a... —Me acerqué para olisquearle y quedé maravillado— coco; vainilla y... ¿qué es esto? ¿Galleta? Quiero morir en ti.

—¿Te importaría dejar de hacer eso?

—¿Hacer qué cosa? —musité sobón, sin darme cuenta de que seguía con el hocico metido entre su suave pelaje.

—De acuerdo, amigo —dijo, apartándome cuidadosamente con la cabeza—. Gracias por salvarme —sonó apagado—. Adiós.

Se sacudió las babas que le dejé colgado. Le pedí disculpas poniendo la cara de humano que pone la cara de un perrito tristón. Algo me dijo que seguro se entendía mejor con las personas. En verdad no me lo dijo «algo». Todo lo que le rodeaba gritaba: «Soy propiedad de un humano que me cuida y me llama "mejor amigo"». Sobre todo, el collar con una plaquita grabada que rodeaba su cuello.

—¿Estás perdido? —le pregunté—. Me conozco muy bien la ciudad; si me dices más o menos dónde vives, puedo ayudarte.

Comenzó a caminar alejándose de mí como quien no busca problemas.

—Te prestaría un teléfono, pero... —bromeé adelantándole y señalando su collar con la mirada—, no tengo. —Me miró con incredulidad—. A ver, ¿qué recuerdas de tu barrio? Sobre todo, lugares en los que sirvan comida. Mi memoria se maneja mejor con los olores. —Él siguió caminando como si yo no estuviese allí—. O..., o mejor las farolas. Tengo marcados muchos territorios por la ciudad, ¿no sé si me entiendes?

Le di la pata para chocar los cuatro, pero pasó de largo.

—Ya sé por qué estás tan deprimido —dije con tono travieso—, estás en esos días, ¿eh? ¿Eh? —Levanté las orejas.

—¿Qué? —respondió—. ¿A ti qué te pasa? No soy una hembra.

—Uy, hembra. Qué fino eres. Ya sabía que eras un pijo de esos con correa. Seguro que hasta te visten y todo con jerséis a juego durante las Navidades.

—Aquí hace calor en Navidad. Nadie en su sano juicio se pondría un jersey en diciembre.

—Así que tengo razón.

—Mira... —habló, desistiendo de la conversación como si le molestara haberse dado cuenta de que estaba gastando energías conmigo. O como si no quisiese permitirse el no estar abatido—. Por favor, déjame en paz, ¿vale? Solo quiero estar solo. De nuevo, gracias por tu ayuda. Iré con más cuidado desde ahora.

Comenzó a alejarse de nuevo. Pero le seguí. Era como si su desdicha me obligase a gravitar a su alrededor.

—Hola —le saludé al tiempo que aflojaba mis pasos para sincronizar nuestro ritmo de avance. Pero él era más grande, lo que me obligaba a dar más trotes si quería seguirle el ritmo.

—Dios —dijo desesperado—. No me vas a dejar, ¿no? Pensaba que solo era un mito.

—Que todos la tenemos...

—¡Lo de que os ponéis a seguir a las personas! ¡Tío!

—¡Ah, lo sabía! Por eso me siento atraído hacia ti: eres una persona —dije simulando suspicacia.

—¿Qué eres, un niño?

—Mmm, básicamente, sí. ¿Y tú, qué eres?

—¿Cómo que qué soy? ¿No me ves? Soy un perro.

—Ya, pero... ¿de qué tipo?

—Un *canis lupus poco familiaris* —dijo poniendo los ojos en blanco. Cosa que es muy difícil.

—¿Eso qué es?

—¡Latín!

—¿Y qué significa?

—¡Pastor, déjame en paz! —contestó con más sarcasmo que enfado.

—Vale, fiera —le tranquilicé—. Ya me callo.

Así es, los animales creen que soy un poco charlatán. A mí me gusta pensar que simplemente se me da muy bien dar conversación. ¡A quién quiero engañar! No sé cerrar el pico. Con perdón para cualquier ave que lea esto. O equidna.

Se me hacía muy difícil estar callado, pero después de un par de manzanas caminando juntos empecé a apreciar el silencio de la ciudad. ¡Mentira! Me puse a hablar conmigo mismo, murmurando lo que decía de manera inconsciente. Lo que los perros llamamos pensar en voz baja. La conversación era algo como: «Si el perro viene del lobo, ¿por qué no hay pruebas de lobos que se hayan transformado en perros?»; «¿Quién ganaría una pelea entre una pantera y un tigre?».

—¿Qué tanto murmuras? —me preguntó resoplando exasperado.

—¿Quién saldría vencedor en una pelea entre un tigre y una pantera?

—¿No has visto *El libro de la selva*?

—¿Es una peli?

—Sí.

—Aaah —solté con toda la ironía que llevaba dentro—. Claaro, claaro. La vi la otra noche en la pantalla plana que tengo en mi segundo *loft*. ¿Qué será lo siguiente? ¿Preguntarme mi clave de Netflix?

—Eres toda una incongruencia. Si no tienes tele, ¿cómo sabes qué es Netflix?

—Mmm, ¿porque vivo en el siglo XXI tal vez? Leo los carteles, tío.

—¿Y cómo es que sabes leer? Parece que llevas en la calle toda la vida.

—Ooh, gracias. Es una de las cosas más bonitas que me han dicho nunca. Justo antes de «tiene la rabia» y por detrás de «te llevaría a casa, pero mi mujer es alérgica a los perros como tú». ¿Cómo que cómo sé leer? ¿Sabes nadar?

—Claro que sí.

—¿Cómo aprendiste?

—Yo qué sé. Me tiré al agua y comencé a mover las patitas.

—Ahí tienes tu respuesta. Un día me golpeó en la cara un viejo cartel sobre una niña desaparecida y, ¡bum!, ya sabía leer.

—Impresionante. A mí tuvieron que enseñarme.

—Es broma, tío. Me enseñó un vagabundo que iba con un gato y un ratón. Al parecer era un poeta callejero o algo así. Ahora que lo pienso, ¿por qué las profesiones artísticas de los humanos son las únicas que pueden ser «de la calle»? He visto músicos callejeros, pintores callejeros y hasta... —susurré— actores para cine de adultos callejeros.

—¿Por qué lo dices así? Te refieres a la pornografía, ¿no?

—¡Ey, que nos pueden oír!

—Sí que tienes mundo a tu lomo, chaval.

—Lo sé. Pero la cosa es que jamás he visto a un médico callejero o un ingeniero callejero. O sea, tal y cómo está el país he visto a muchos en la calle, pero no ejerciendo como los artistas.

—Tal vez es porque ser artista no es un trabajo de verdad.

—¡Oh! —fingí indignación—, retira eso ahora mismo.

—Lo retiro. Era una broma.

—Así que sabes bromear, ¿eh?

Cuando solté esas palabras, el amago de risa que estaba a punto de liberar como un esclavo que consigue huir del malévolo amo se esfumó hacia adentro.

—Mira, tío —dijo volviendo a esa pose triste—. No sé qué piensas qué es esto. No tengo dinero ni nada. Y tampoco estoy de camino a mi casa. Así que, de verdad, puedes dejar de... acompañarme.

Noté que cambió «seguirme» por «acompañarme» en la pausa que hizo. Le miré a los ojos y estaban tristes; a medias, como si una parte de él intentase igualar la soledad a la que la otra ya estaba acostumbrada. Y yo no entendía nada, para mí los perros como él no deberían entender lo soledad más allá de la sensación de echar de menos a alguien durante unas horas.

—De acuerdo —le dije—. Me marcho.

Me despidió con una mueca que denotaba agradecimiento. Tal vez por haberle salvado o por cumplir con su petición.

Comencé a alejarme lentamente por si cambiaba de opinión.

—¡Que alguien me ayude! —gritó de repente. Casi pareció estar aullando.

Me di la vuelta, saqué la lengua fuera y mi cola comenzó a bailar al tiempo que corría rodeándole en círculos.

—¿Necesitas ayuda? ¿Necesitas ayuda? ¿Eh? ¿Eh? —Saltaba eufórico.

—Claramente, eres tú el que necesita ayuda —dijo haciéndose el duro—. Y de la profesional. ¿De dónde sacas toda esa energía? Parece que llevas tiempo sin comer.

—Los perros mini funcionamos de forma diferente —canturreé alegre.

—No eres un perro mini. Tan solo eres bajito.

Descansó el peso de una pata sobre mi cabeza para demostrar su argumento.

—¿Ves? —concluyó.

No sé cuándo comenzó, pero sentí que acababa de hacer un nuevo amigo. Nos pateamos media ciudad hablando. Bueno, bueno, media ciudad. Digamos, un cuarto. No, imposible. Dejémoslo en un par de barrios, ¿sí? Él se veía mucho más relajado, como si su ser recordase un tiempo en el que jamás echaba de menos nada. Me moría. Me mataban las ganas de preguntarle cómo había fallecido su humano.

—Ya que somos amigos... —inicié una conversación.

—No somos amigos. Soy muchos años mayor que tú. —Hizo una pausa mientras me observaba detenidamente—. Hasta podría ser tu padre.

—Por lo que se cuenta de mi madre, es posible —bromeé con ademán pensativo—. ¿Dónde estuviste durante el celo de 2016? Confiesa.

Allí, por primera vez, le sentí sonreír; como si fuese un paso más allá de verlo o escucharlo.

—Eres... peculiar —me dijo esbozando una enorme sonrisa. No entendí el porqué, pero parecía estar orgullo de mí.

Sus silencios decían mucho más que sus palabras. Y a los que no sabemos callarnos nos cuesta un poco más comprender lo que se quiere decir cuando no se dice nada.

—¿Te apetece jugar a algo? —le pregunté animado.

—No —respondió seco.

—De acuerdo —hice caso omiso de su negativa—. Yo te hago una pregunta y tú respondes lo más rápido posible.

—Eso no es un juego, es sencillamente hacer preguntas.

—Hay un premio.

—¿Premio? —Abrió los ojos y sacó la lengua excitado—. ¿Cuál? —se calló de repente, como si hubiese abandonado su cuerpo para verse y si no estuviese orgulloso de esa imagen suya—. A ver, ¿qué gano?

—Pues... te prometo que no vuelvo a decir una sola palabra. Más aún, me iré y te dejaré tranquilo.

Tardó en contestar.

—De acuerdo, tío. Dispara.

—¿Has estado enamorado?

—Sí.

—¿Animal o humano?

—Los humanos son animales.

—Ouh, vaya con el listillo. De acuerdo. ¿Eres rico?

—No exactamente.

—¿Con qué sueñan los ricos?

—Con lo mismo que todo el mundo: con problemas.

—Así que sí que eres rico. Bien. ¿De hocico o de cola?

—Tronco, de hocico.

—No te creo. Entonces, ¿estás más a favor de la compra que de la adopción?

—Mueve la economía de mascotas.

—¡Wau!

—Olvídalo, tío. Mejor que no hablemos de perrolítica.

—Okey, okey. Mmm... ¿Te gusta la poesía?

—No.

—¿Eres más de perros o de gatos?

—Gatos.

—Esa la he visto venir de lejos.

—Lo sé, se me nota a leguas.

—Vale, última pregunta: ¿dónde está tu dueño?

Sentí un leve hormigueo.

—¿Qué haces? —me preguntó al verme rascarme como un poseso—. ¿Tienes pulgas?

—No. Me pica la curiosidad —añadí con ironía—. Soy un perro callejero, alguna que otra garrapata tengo. Pero no me rasco por eso.

—¿Por qué lo haces entonces? —cuestionó con repelús.

—La lluvia.

—¿Qué?

—Que va a llover.

Miré al cielo con gesto de comprobación.

—Mi cuerpo nota cuando va a comenzar a llover. Y me hace como cosquillas. ¿A ti no te pasa?

—Claro que no. Pero conocí a un humano que podía oír las gotas de lluvia antes de que cayesen de las nubes. —Observó detenidamente el entorno—. De hecho, creo que vivía por aquí.

—¿Sí? ¿Te reconocería? ¿Podríamos ir a pedirle comida? Porfi, porfi, porfi.

—No, tal vez ya no se acuerde mí. —Alzó de nuevo la cabeza para escrutar el cielo—. Las estrellas se han perdido —susurró—. Tienes razón, va a llover. Las nubes grises se camuflan muy bien por las noches. Pero están allí. Deberíamos resguardarnos en algún sitio.

—¿Qué te parece ese edificio? —Señalé un enorme inmueble que parecía abandonado—. Nunca he visto uno tan gigantesco. Tal vez sea el más grande de toda la ciudad.

—Seguro que está vigilado. Casi puedo oler desde aquí que es territorio ajeno.

No acabó la última palabra cuando de repente la lluvia comenzó a caer sobre nosotros como una inmensa ducha a presión. Corrimos hasta el edificio y subimos hasta la tercera planta. Al llegar nos sacudimos y él ladró varias veces para comprobar que estábamos solos.

—No estoy muy seguro de que debamos quedarnos aquí —dijo—. No estamos autorizados.

—¿Por quién? ¿Por los bloques, los fantasmas o los montículos de arena?

Me miró con cara de pocos amigos.

—Las casas abandonadas no necesitan pedir permiso para dar cobijo —bromeé—. Entras a ellas más por ellas que por ti. Como con los humanos.

—Lo decía por ese cartel. —Señaló detrás de mí con el hocico.

—«¡Atención, perro peligroso!» —leí—. Ya puedes apostar que somos peligrosos —fardé gruñendo—: Grrrrr.

—No —respondió con terror en los ojos.

—¿Qué te pasa? No me digas que de verdad te crees eso. Solo lo ponen para disuadir a los intrusos. Como lo de «esta zona está protegida con cámaras de vigilancia» —balbuceé con tono cómico—. Menuda estafa.

Tenía los ojos cerrados mientras hablaba y fue tan rápido que no me di cuenta del momento en el que pasó a mi lado para colocarme a su espalda. Cuando los abrí, me di la vuelta y vi a los tres perros con cara enfadada que había al otro lado. Con el entrecejo arrugado, bramaban sin separar los dientes mientras les vibraban los hocicos. Dos de ellos salivaban gotas tan espesas que parecían lava.

—Vaya, vaya —dijo el que estaba en medio de los tres—. Mirad lo que nos ha traído la lluvia.

—No queremos problemas —contestó al tiempo que me cubría.

—No te pongas bravo —le musité—. Son neocaninus.

—¿Eso qué es? —preguntó confuso.

—Un peligroso grupo de extrema pata.

—¿Cuál? ¿La izquierda o la derecha?

—Ni ellos lo saben. Pero se identifican con la cola rapada.

—¿Son peligrosos?

—Mmm, ¿ves esos dientes afilados y esa sed de sangre en su mirada? ¿Sí? Pues espero que eso responda a tu pregunta.

—¡Perra mía! ¿Neocaninus? ¿Ya no hay nada original? Todos son neo algo o post no sé qué. Qué triste, el presente solo es una guerra entre diferentes épocas del pasado que intentan renovarse. Solo faltan las cruzadas perrunas 2.0. y estaremos servidos.

—¿De qué habláis tanto? —interrogó el del medio, dejando claro que era el alfa de su manada de tres.

—Nada —contestó mi futuro padre—. Nos hemos equivocado al subir aquí. Si nos lo permitís, vamos a marcharnos.

—Ja, ja, ja —rio malévolo—. ¿Marcharos? ¿Así sin más? Pero si la fiesta no ha comenzado todavía.

—¿Hay una fiesta? —preguntó extrañado el de la derecha.

—¿Qué? No —contestó el alfa—. Es una forma de hablar. Siempre estás igual, tío. ¿De dónde sacas esas tonterías?

—Sí, siempre estás haciendo tonterías —terció el de la izquierda mosqueado—. Como esta mañana.

—¿Qué pasó esta mañana? —preguntó el alfa, curioso.

—Me desperté, ¿vale? Como cualquier otra preciosa mañana en la que sale el sol y eres feliz. Muy, pero que muy feliz. ¿No sé si me entiendes? —El alfa le miró con desconcierto—. En plan... contento, jefe, ya sabes.

—Aaah, con el rabo...

—Sí, eso. ¿Y sabes qué veo justo cuando me vuelvo para rascarme? ¡A este mindundi lamiéndome el trasero!

—¡No te estaba lamiendo! —se defendió el de la derecha—. Comes fatal. Todos sabemos que comes fatal, tío. Tenías sobras de los garbanzos de ayer en la cola. Y... y... bien que os quedasteis sin hambre vosotros, ¿vale? Pero yo no como carne. ¿Quién hace sopa de garbanzos con más chorizo que garbanzos? ¿Eh? El dueño es tonto y lo sabéis.

—¡Ya basta! —medió el alfa pegando un grito de autoridad—. Estamos haciendo el ridículo —resopló vapor como si fuese un toro, nos miró y dijo—: Tenemos trabajo que hacer.

—Jefe —dijo el de la derecha—. El grandote...

—Dejádmelo a mí.

—Iba a decir... ¿no será policía?

—¿Por qué lo dices? ¿Por su raza?

Le observó y se disponía a preguntarle cuando él se adelantó:

—No soy poli.

—Qué racista —dije a regañadientes.

—¿Has dicho algo, cachorrito? —preguntó el alfa mosqueado.

—¿Yo? Claro que no.

—Vamos a por ellos —ordenó el alfa.

Los tres comenzaron a moverse en círculos a nuestro alrededor como manecillas que acechan las horas en un reloj averiado. Y sin avisar, nos atacaron.

Presa del pánico cerré de nuevo los ojos y le dije a mi futuro padre que me alegraba de haberle conocido. No pensé en huir, mis instintos no pensaban en mí porque llevaba mucho tiempo sin comer, y las últimas reservas de energía las había consumido al correr para salvarle del coche.

—Ave, Karl Friedrich Louis Dobermann, *morituri te salutant* —hice mis plegarias.

—¿No decías que no sabías latín? —me preguntó mi futuro padre.

No le veía, pero escuchaba cómo crujía el suelo cuando sus patas traseras se clavaban con fuerza.

—¿Vamos a morir y eso es lo que te importa?

No le dio tiempo a contestar cuando se oyó lo que para mí era el sonido de los dientes desgarrando carne. Le recé a Anubis mientras escuchaba los ladridos, gruñidos, aullidos y gemidos. Por lo visto, el de la izquierda y el de la derecha no hicieron caso al alfa y al final decidieron hacerse cargo «del más grande primero». «Ahora voy yo», pensé, cuando de repente todo quedó en silencio.

—Por favor, marchaos —les dijo a los tres—. No tenemos por qué hacer esto.

Cuando abrí los ojos para despedirme del cuerpo moribundo me encontré con un panorama diferente al que había imaginado. Mi futuro padre estaba bien, con alguna que otra herida en las orejas, pero estaba bien. Sin embargo, ellos...

—¿Qué cojones ha pasado? —interrogué asombrado.

Al parecer había-MOS ganado la pelea.

—Lo sentimos mucho —se disculpó el alfa—. Izquierda solo ha aprendido a cuestionarse el valor material del lado malo de las cosas buenas —señaló al otro moviendo la cabeza—. Y Derecha necesita a Dios mucho más de lo que Él le necesita. —Miró al cielo—. Yo... solo finjo que uno de los dos me cae mejor dependiendo de a quién le siente mejor el viento.

—Por favor, no digas que te llamas Centro —bromeé.

—¿Cómo lo has sabido? —me preguntó seriamente impresionado por mi «premonición».

—Descarte —dije, esforzándome por ocultar la ironía que corría por mis venas.

—Así nos ha criado nuestro dueño —dijo el alfa—. El hombre no comete ninguna acción que lo aleje a sí mismo del placer.

Los tres se marcharon.

—Fui un regalo —empezó a contarme de la nada mi futuro padre—. Llegué a la vida de mi dueño cuando él todavía era joven. Yo era un perro que su madre había rescatado de unos maleantes que organizaban peleas en su barrio. Por eso sé defenderme. —Hizo una pausa y miró al cielo—. ¿Sabes? Hay momentos en los que no te esperas nada y llega esa persona que te hace sentir que el mundo no es tan grande. O que tú no eres tan pequeño. O lo que sea. —Sonrió—. A mi dueño le encantaba escribir. Se le daba muy bien contar historias mientras que su hermano mayor se pasaba el tiempo arreglando radios o tonteando con chicas menores que él. Pero todo cambió de un día para otro cuando comenzaron a llover balas. Fue como si lo vivido en los últimos años con ellos solo hubiese sido un sueño.

—Soñar es una celda un poco más cómoda que la realidad —dije sin saber por qué, recitando unos versos de un poeta sin techo al que había conocido—, estamos hechos para desafiar las expectativas. Bailamos sobre el taburete aun con la soga al cuello. El mejor de los mundos es el mejor de los mundos que eligen para nosotros.

—Es bonito —susurró sonriendo.

—Pensé que no te gustaba la poesía.

—¿Qué tiene que ver la belleza con lo que me gusta o no?

«Nada —pensé—. Absolutamente nada».

Nos acostamos bajo el cuidado de la lluvia que no mata.

—Oye —me llamó—. Al final no me dijiste tu nombre, ¿tienes uno?

—No.

—¿Qué te parece llamarte Mío?

Sonreír de alegría era la mejor manera que conocía de dar mi aprobación.

—¿Y tú? ¿Cómo te llamas? —le pregunté.

—Mi nombre es Tuyo.

Conticinio. Música de una lluvia que ya se acaba. Olor a paz. Las estrellas que salían a presumir.

—Oye, Tuyo.

—Dime, Mío.

—Cuando me has salvado me has preguntado que por qué no vi la luz de los faros.

—¿Y qué pasa?

—El coche tenía los faros rotos. No había ninguna luz.

—Entiendo. Entiendo.

Ojalá toda esta historia fuera real. Ojalá me hubiesen dado un nombre antes de irme. Los humanos dicen que justo antes de morir ven pasar toda su vida por delante. Sus recuerdos. Ahora sé que los perros no vemos la vida que hemos vivido, vemos la que podíamos haber vivido. Ojalá hubiese comido. Seguro que mis patas se hubieran movido para salvar a Tuyo y al mismo tiempo salvarme a mí mismo evitando el coche.

Sábado, 1 de octubre de 2011

# TANGIBLE

Hola, Eva:

He soñado con fantasmas. Eran un abuelo y su nieto. Te cuento.

—¡Abuelo! ¡Abuelo! —gritó el niño exaltado por una jubilosa y curiosa energía—. ¿Qué es eso abuelo? ¿Qué eso que no podemos tocar? ¿Son acaso los llamados vivos?

—No, mi pequeño fantasma —respondió el abuelo exhalando un frío suspiro—. A los vivos podemos tocarlos todo lo que queramos. Eso de allí, intangible, es la Constitución.

Martes, 3 de julio de 2012

# EL INTRASCENDENTE, PERO INCREÍBLE ARTE DE PARTICIPAR

Hola, Eva:

Ayer fue el cumpleaños de K. Su madre se sigue pensando que es un crío. Contrató a un imitador de Michael Jackson para que animara la velada. Tenías que ver la cara de vergüenza de K. Aunque la verdad es que el tío bailaba muy bien. Su especialidad era el *moonwalk,* que repitió varias veces para ganarse los «ooh» del público. Me recordó al profe chileno que no paraba de decir que este país iba a lo Michael Jackson: para atrás. Papá decía que las personas como él eran enemigos del progreso.

Cuando acabó la fiesta nos quedamos solos Kukín y yo. Bueno, con algún que otro ojo vigilándome por si llovía. El impermeable amarillo no solo ya no me cabe, también ha quedado anticuado.

—¿Cómo vas con Dani? —me preguntó K—. ¿Todavía no te lo sacas de la cabeza?

—Está con otra. Ya no me importa —dije sin pensar—. No sé, cuando sabes cuánto puede llegar a dañar algo, te acostumbras.

—Pero eso no significa que deje de doler, ¿no? Es costumbre, no anestesia —dijo K.

Exhalé aire cálido y no dije nada durante unos segundos.

—Dicen que las personas somos de cualquier lugar en el que sentimos que alguien nos ha tratado como a un hijo —cambié de tema—. El amor es eso. Sentir que formamos parte de algo. O de alguien.

—Para mí el amor se parece más a ese infravalorado momento de tener la certeza de dejar un mensaje de voz o hablar a través de un telefonillo y decir: «Soy yo». Y que al otro lado, recibiendo tu voz, se encuentre una persona que, indudablemente, sepa quién eres.

Le miré con guasa.

—Vaya. La edad te está afectando.

Le froté la cabeza con la mano y él me dio un puñetazo en el brazo. K siempre ha tenido la habilidad especial de saber hacerme daño sin parecer que me está haciendo daño.

—¿Y tú qué? —le pregunté.

—Yo qué.

—Vamos, te conozco. Estás en modo me gusta una chica y no se lo quiero decir porque creo que me dirá que no. ¿Quién es la desafortunada?

—Déjate de historias. No hay nadie.

—Iiich. Más soso y no naces hijo.

K perdió la mirada en ninguna parte en la que yo todavía no había estado. Luego nos regaló a mí, al cielo y a lo que le había dicho sobre su actitud sosaina una alegre sonrisa. Le hizo gracia porque su madre tuvo un parto verdaderamente difícil. Según las enfermeras estaba «muy cómodo en el vientre y no quería salir».

No sé, Eva, pero ya antes de su cumpleaños Kukín llevaba varios días raro. Siempre ha sido muy suyo, de esas personas de las que nadie saldría de su lista de reproducción pensando que ha encontrado su nueva canción favorita.

—Tú siempre te conformas con poco —soltó K. Evidentemente se estaba refiriendo a Dani. Nunca había sido santo de su devoción. Y el sentimiento era recíproco.

—La última vez le llamaste don nadie.

—Yo no quiero medias tintas, P. —Miró risueño al cielo—. Quiero inspirar a la grandeza o que me usen como ejemplo de lo mucho que se puede llegar a odiar a alguien.

Eva, no pude apartar los ojos de él.

—No amas a nadie —dije buscando su mirada entre las nubes—. Todavía no sabes qué quieres estudiar. No tienes sueños por más pequeños que puedan llegar a ser ni delirios de grandeza. Y odias a los imitadores de Michel Jackson. —Busqué sus ojos—. ¿Qué haces en la vida?

Decidió que no quería ser encontrado.

—Participar. Sencillamente, participar.

Lunes, 4 de mayo de 2009

# CAMPING GAS

Hola, Eva:

Hoy uno de los nuestros le ha preguntado al profesor Ángel qué es la dictadura. Y él, con esa sonrisa pícara que revela cuánto ama nuestra curiosidad, le ha contestado:

—A ver... cómo te lo explico... Imagina ver un incendio, ¿vale? Sentir el calor de las brasas evaporar hasta la saliva de tu lengua. Imagina ver un incendio. Inhalar el humo negro de las llamas hasta envenenar tus pulmones. Imagina ver un incendio. Sudar de calor y sentir que tu piel se quema hasta fundirse con el resto de tu ropa. Imagina el hedor de la chamusquina. Ese despreciable olor que anuncia que algo que solía existir ha desaparecido por completo. Imagina ver un incendio. Imagina ver a los cadáveres calcinados sobre las cenizas y el carbón. Imagina todo eso y que venga un cínico, con toda su cara, a decirte que esos cuerpos solo son chavales celebrando alrededor del fuego.

Domingo, 2 de diciembre de 2018

# MAYO

Hola, Eva:

¿Crees que la ciudad cambia cuando no estamos? No sé, que va a otra velocidad, por ejemplo.

El coche avanza veloz. El aeropuerto ya forma parte de los cincuenta kilómetros que dejamos atrás. Voy sola, acostumbrada. Una vez leí que solo dos personas tenían la fórmula secreta de la Coca-Cola y que por ese motivo jamás viajaban juntas.

En un radio de dos kilómetros todas las calles que no son la nuestra están cortadas. Los colores de la bandera que ondean las masas representan lo mismo a través de los cristales tintados. El rojo y azul de las sirenas bajo la luz de la luna brilla en los alegres rostros. Parecen árboles de la Navidad.

Un anciano le ha dado la espalda a la caravana. Me ha hecho sonreír. Tal vez era «el viejo» de las historias y los poemas; *the old man; le vieux sage;* el añoso. Ese personaje cargado de la experiencia de la vida al que los poetas —sobre todo los jóvenes— usan como receptáculo de sus pensamientos más profundos para no parecer prepotentes o ser más creíbles. «Como me dijo mi abuelo...», mentira.

La ciudad se está llenando de luces. Pronto la luna solo servirá para ayudar a controlar las mareas. Llegan las fiestas. Cuando se decidieron nuestros nuevos nombres también se decidió que celebraríamos dos cenas y un nacimiento cada doce meses.

Vítores. El nombre de un hombre. Una mujer querida y elevada a la categoría de santa por haber construido dos hospitales con más de tres plantas. Los hijos de las otras tampoco han de sobrevivir a sus caídas. Más vítores. El apellido de un hombre. Una mujer que se conforma porque por una vez en su vida es la Primera en algo.

Vuelan obsequios desde uno de los coches. Desde camisetas hasta sobres con dinero. Desde gorras hasta carne congelada. Desde sombrillas hasta cartones del vino importado más barato. El lado gratuito de la pobreza es un alumno aventajado. El profesor de pesca se saltó la lección de «no regalar, enseñar».

Eva, ¿será que hace mucho que perdimos y todavía no nos hemos dado cuenta? Ángel tendría algo elocuente que decir al respecto. Tengo muchas ganas de verle. Me gustó mucho lo que me dijo la última vez cuando le pregunté por qué habíamos llegado a esta situación:

—¿Por qué amamos tanto este lugar? ¿Por qué aguantamos tanto daño?

—Porque nos gustan los regalos. Y porque somos personas que, por echar de menos, estamos dispuestas a inventarnos los diciembres y volver a casa por Navidad... aunque sea mayo.

Lunes, 9 de septiembre de 2013

# LA ABUELA DEL TIEMPO

Hola, Eva:

¿Te has dado cuenta?

La lluvia al caer, en sí, sin relámpagos ni truenos, sin vientos ni meteoros, solo el agua, si no choca con algo... no suena a nada.

Nana dice que las cosas silenciosas, como las personas calladas, no hablan ni hacen ruido porque están constantemente buscando soluciones a los problemas de los demás. Que por esa razón este país es a veces el llanto desconsolado de un niño al que se ama y otras, el funeral de una persona odiada a la que por cualquier motivo se le tenía respeto.

—El pasado más simple es el que resulta doloroso de escribir. El pasado de los nombres de los cafés y los bares que cambian de dueño hasta desaparecer; el de las ciudades que son degradadas a barrios; el de los pueblos que desaparecen; el de las grietas de las carreteras; el de las cosas que no se construyen en un solo día; el de las historias de la gente de mi edad —hizo una pausa—. Los recuerdos son la mejor casa de acogida para los sitios y los momentos que quedan huérfanos —suspiró, cansada de caminar—. Todo lo que contaría una gota de lluvia que, con esto del calentamiento global, una vez fue el fondo de un iceberg. Todo lo que diría esa loca acerca del fin del mundo... y del esfuerzo que no se ve.

Miércoles, 7 de enero de 2009

# EL CIELO EN LA TIERRA

Hola, Eva:

¿Es acaso aquello que no refleja incapaz de encontrar encanto en la felicidad de los demás hacia sí mismos?

Hoy al entrar en clase el profesor Ángel ha dicho que el país había salido mal. Se veía algo indignado. O más bien estaba decepcionado. Me pregunto en qué habrá perdido la fe un hombre como él.

—¿Por qué dice eso? —le cuestionó uno de los nuestros.

Tardó en responder. Nunca le había visto tan desconcertado. Era como si no se hubiese dado cuenta de que estaba con nosotros.

—¿Por qué va a ser? —preguntó esforzando con relativa facilidad una alegre sonrisa—. Pues porque está lleno de adultos que no perderían la ilusión si descubriesen que en realidad los Reyes Magos no son los padres.

Lunes, 26 de marzo de 2007

# LAS OPCIONES DE AHOGARSE EN LA TIERRA

Hola, Eva:

Hoy he estado con papá en su despacho. En la radio nacional denunciaban algo y yo le he preguntado:

—Papá, ¿puedes subir el volumen de la radio?

—Sabes que no, hija.

—¿Puedes decirme lo que cuentan?

—Hablan de unos insensatos que se han ahogado en el océano.

—Si son unos insensatos, ¿por qué lloras?

—Porque me recuerdan a una parte de mí que siempre intento dormir.

—¿Qué parte?

—La que se ha dado por vencida. La que tiene fe ciega en que hace mucho que perdimos.

—¿En qué perdimos?

—En la historia.

—No los conozco, pero me da mucha pena que mueran en el mar.

—No, hija mía, no. Sus cuerpos son los que se hunden y sus almas las que yacen en el fondo del océano. Pero mueren aquí, en las decisiones que se toman en tierra.

Martes, 16 de abril de 2019

# ADIÓS

Hola, Eva:

Me he pedido permiso para amar.

Me lo he negado.

He muerto.

Martes, 12 de marzo de 2019

# EL ÚNICO LUGAR DEL MUNDO

Hola, Eva:

Hoy en la televisión le han preguntado a un reconocido poeta qué opinaba de los nuevos poetas que tantos libros vendían. Y él, de manera condescendiente, ha dicho que el tiempo ya les pondría en su lugar.

Me pregunto si el tiempo ya le puso en el suyo.

Eva, no temas a aquellos que te amenazan con el tiempo. El tiempo no es el verdugo personal de nadie.

Domingo, 15 de enero de 2017

# EL QUINTO VIENTO

Hola, Eva:

¿Te acuerdas del niño del que te hablé? ¿El que quería ser escritor y presidente? Me lo he encontrado esta mañana en la embajada. Y me ha dicho que, desde hoy, puede empezar a llamarse escritor.

Al parecer tenía que solicitar la renovación de su pasaporte. Todo iba bien hasta que llegó al reglón que, después de dos puntos, le pedía que escribiese su profesión. Y por primera vez se atrevió a poner: «escritor».

Hace unos años ganó una beca para irse a estudiar a Madrid. Consiguió acabar la carrera y tras autopublicar sus dos primeras obras, una potente editorial decidió editar las dos siguientes. Ha dicho que vende muchos libros y tiene muchos fanes y lectores. Que el público, la prensa y la crítica le conocen, les guste más o les guste menos. A pesar de todo eso, dice que hasta esta mañana no se consideraba un escritor de verdad.

Porque, aunque parezca una banalidad, los formularios son documentos oficiales del Estado. Y hay algo aterrador en eso. Ha dicho que una cosa es gritarle a los cuatro vientos que eres escritor, y otra muy diferente decírselo a la Administración pública, a los jueces y la policía aduanera.

—Ya no te miran igual —se lamentó con pena en la voz.

Luego me ha preguntado si iba a seguir los pasos de papá. Y le he dicho que no podía. Porque para ser escritor hay que tener miedos que las demás personas puedan entender. De eso modo se identificarán con lo que el autor escribe. Yo por eso quedo completamente descartada como escritora, porque temo de manera muy específica.

Después de mi discurso me ha dicho que no se refería al camino de la escritura.

Viernes, 19 de noviembre de 2010

# FE CIEGA

Hola, Eva:

Hoy es un día triste.

El cura del pueblo me ha dicho que en este país hay una religión que nadie conoce. Le he preguntado cuál era y él me ha contestado:

—La de los niños que no creen en las promesas.

Sábado, 31 de octubre de 2015

# ECHAR DE MENOS

Hola, Eva:

Echar de menos es a veces estar en el mismo espacio y buscar a esa persona con la misma preocupación en la mirada que la ansiedad con la que las manos, olvidando que has puesto el móvil en la chaqueta, lo buscan en los bolsillos de los pantalones.

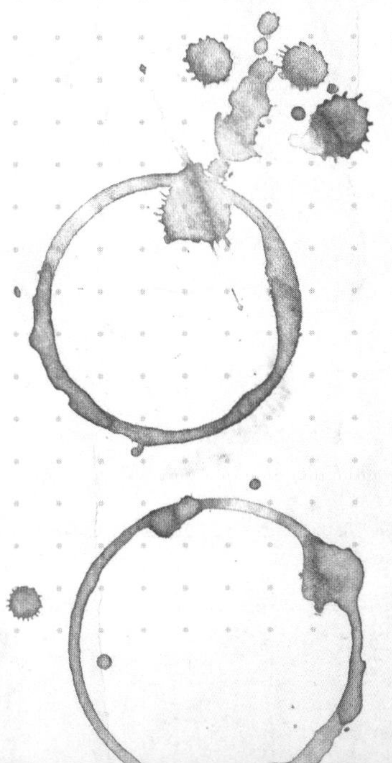

Viernes, 5 de abril de 2013

# YA SE PUEDE DISPARAR

Hola, Eva:

Soy Dani.

Uno, dos, tres...

Una voz contaba. Gritaba cada número alargando las sílabas como si cada cifra le estuviese dando una segunda oportunidad a su predecesora.

Ocho, nueve, diez.

¡Tuut-tu-tut-tut-tuut-tuuu! Se oyó un silbido. Y a pesar de que la música que imitaba parecía anunciar la llegada de un rey como trompetas en una fanfarria, sonó más a advertencia que a revelación.

Ya se había acostumbrado al chirrido de madera oxidada que producía la mecedora al columpiarse sobre el cemento raído. Así que Daniel, que había nacido dotado de una magnífica y —según el curandero— demoníaca audición, solo abrió los ojos al escuchar a los niños que pasaban corriendo por delante del patio de su terraza como almas que llevaba el diablo. Ni siquiera le turbó el chaval con la punzante voz de pito que gritó: «¡Ya se puede disparar!». Lo único que hizo antes de moverse fue acordarse del juego que solía hacer consigo mismo: improvisar sus puños como prismáticos para enfocar la vista únicamente en el firmamento e intentar imaginarse en otro lugar. La última vez que lo hizo fue en Madrid, sin éxito. Aun eliminando de su rango de visión los edificios y las aves autóctonas, y teniendo solo para sus ojos una panorámica de cielo azul con tres nubes ordinarias, Madrid no dejó de ser Madrid. «Aquí sigue siendo aquí», se repitió como un eslogan publicitario en lo más profundo de lo que consiguió pensar estando recién levantado. Una parte de él no se dio por vencida: algún día conseguiría transportarse a otro sitio.

El viento silbó de nuevo notas musicales. Sonaban bajito. Unos gruesos y arrugados labios soplaban la canción hasta los oídos de Daniel. Él siempre había querido creer que ese singular silbar era la más bella composición de un mirlo o un mensaje críptico entre camaradas en el campo de batalla. Pero siempre había sabido que los mirlos no volaban hasta su país; que la guerra solo era un recuerdo nostálgico del que los abuelos no hablaban a sus nietos y que su madre silbaba esa misma melodía cuando estaba recién levantada. Y en ocasiones también cuando regresaba a casa tras volver de un largo paseo o de hacer la compra. Como si fuese una especie de geolocalización por sonido para disuadirles de hacer cualquier estupidez.

—Ma —se aventuró a decir Daniel al girar el cuello y mirar a su madre. La probabilidad de que ella no le estuviese escuchando era alta—. ¿Adónde vas cuando te vas? —se quedó callado y desvió la mirada hacia el bosque tras preguntar—. Quiero decir... —habló torpemente, como si buscase la manera más infantil de escapar de una situación incómoda—. He estado pensando en los *déjà vu* y... ¿Sabes? —vaciló, moviendo las manos con nerviosismo, demandando aprobación—. ¿Y si son nuestras vidas en directo? ¿Y si nosotros, ahora mismo, solo somos una retransmisión de ese directo con cinco segundos de retraso? Sería fascinante, ¿no?

Su madre no respondió. Y él se sintió aliviado, casi victorioso, como si hubiese evitado que algo saliese mal.

La calma se convirtió en un musical para los oídos de Daniel. El abaniqueo de su hamaca hecha con telas tradicionales que barrían el polvo del suelo sonaba como una flauta. El reír travieso de los niños que jugaban a lo lejos se escuchaba como un alegre coro de ángeles. Las hojas de los árboles del pequeño y frondoso boscaje que estaba frente a su patio sonaban como un sacudido y bailarín instrumento de percusión. El mar estaba cerca, al otro lado del pequeño terreno abrupto que había detrás de la casa. Las olas se oían altas y ruidosas, como si quisiesen hacer daño aposta. Y el peculiar chirrido del vaivén de la desgastada mecedora donde estaba sentada su madre roncaba al rozar el suelo como un piano viejo y desafinado. Era todo un espectáculo privado para Daniel. Aunque quisiesen, nadie más podría oírlo.

—Hablas como los mayores —susurró su madre pisando el suelo con firmeza para detener el vaivén de la mecedora. El silencio al detenerse el balanceo fue tal que parecía que toda la humanidad se había quedado dormida.

—Ya soy mayor —respondió Daniel con una sonrisa—. Es normal que hable así.

Su madre giró lentamente la cabeza y le observó unos segundos. Inquisitiva, pareció no entender lo que veía hasta que esbozó una dulce sonrisa.

—Tus ojos —le dijo a Daniel— son del futuro.

Daniel se quedó sorprendido. Su rostro era el de una persona que recordaba dónde fue la última vez que dejó algo ya perdido para siempre.

—Mamá...

—¿Tienes hambre? ¿Habéis comido? —intervino su madre descansando la cabeza en el respaldo con fuerza, ayudándose luego de las rodillas para hacer bailar la mecedora de nuevo—. Deberías devolverle a Julián la pelota —añadió casi como un susurro—. Cuando pueda te compro una a ti. Así podrás jugar con tu nuevo amigo, ¿vale?

Los ojos de Daniel perdieron la ilusión.

—Vale —respondió, decepcionado.

El ruido de los carriles balancines de la mecedora se tragó el silencio y lo trituró una y otra vez mientras Daniel, cabizbajo, observaba cómo el cemento sucumbía poco a poco. Raído, arrugado y viejo, el suelo recordaba el uso y el daño de esa vieja silla-columpio de madera. Era incomprensible que después de tantos años y reparaciones sus partes siguiesen soportando tanto peso gracias a unos simples adhesivos y clavos mal puestos.

—Voy a por agua, ¿te traigo un poco? —dijo Daniel al tiempo que se levantaba y caminaba los dos pasos que le separaban de su madre para luego tocarle el hombro.

Ella no respondió a la pregunta. Tan solo alzó la cabeza, le regaló una sonrisa con los ojos cerrados y le dijo que le quería, plantándole un cálido beso sobre su palma.

Daniel no sabía cómo decirle a ella que la quería sin usar palabras. Pero no dijo nada. Únicamente inclinó el cuerpo para darle un beso en la mejilla. Un beso que, aunque fue pausado, estuvo cargado de inmediatez. Un beso que no informó ni presupuso. Un beso que dio por hecho que su madre ya sabía todo lo que tenía que saber acerca del amor. Un beso dispuesto a enfrentarse con todo lo que, sin lugar a duda, ignoraba del mismo.

Al despegar sus labios, Daniel se percató de la gota de sangre que recorría el brazo de su madre. Así que antes de entrar en la casa, agarró un pañuelo de seda que llevaba en el bolsillo y la limpió con esmero.

En el interior hacía frío, como si las chapas de cinc hubiesen repelido el calor del potente sol que llevaba brillando fuerte desde las doce del mediodía. Pero Daniel ni se inmutó. Paseó el pasillo contiguo al salón lenta y cuidadosamente, como si esa gélida sensación en plena época seca fuese su pan de cada día. Caminaba seguro, sin importarle los pedazos de cristal que había por todo el suelo. A su paso, diminutos trozos de espejo y madera artificial crujían bajo las suelas de sus zapatos. Para él que —según el curandero— gozaba de una audición sobrenatural, los ruidos eran agonizantes. Casi como la misma casa, que parecía estar muriendo.

El papel pintado de las paredes estaba rajado en diferentes rincones. Barato y de diseño minimalista, parecía haber sido puesto sin esfuerzo para ocultar las manchas de sangre seca y barro que había en los muros. Los muebles estaban volcados. Había jarrones rotos con flores mutiladas; marcos partidos sin fotos; sillas y mesas desmembradas. La casa había sido un campo de batalla.

Un tenue rayo de sol se coló por las rendijas de la ventanita de la cocina cuando entró Daniel, sigiloso, como si no quisiese formar parte del lugar. Pero el motor de la nevera comenzó a sonar como un gigantesco grillo cuando en la lejanía, la voz de un niño, imitando el sonido de un disparo, gritó:

—¡Poh! ¡Poh! ¡Pillado!

Dócil, Daniel se sirvió un vaso de agua fresca, como si la situación le hubiese echado el guante. Luego, sin siquiera beberse la mitad, utilizó el agua restante para poner a remojo el pañuelo de seda manchado. «En Madrid sale agua de los grifos», pensó casi de manera involuntaria mientras observaba el inútil esfuerzo del agua fría por llevarse la sangre. La tubería del fregadero rugió como el estómago de un monstruo hambriento cuando de repente Daniel se quedó completamente quieto, cabizbajo y con la mirada enajenada. La cocina estaba igual de destrozada que el resto de la casa, con las ollas y los cubiertos tirados por todas partes. De modo que, a Daniel, que tenía los ojos llorosos, solo le hizo falta agacharse para coger uno de los cuchillos que estaba en el suelo y clavarse la puntilla bajo la barbilla.

La ruidosa nevera dejó de oírse.

La sangre, espesa y lenta, recorrió el filo hasta chocar con la yema del pulgar que, con firmeza, sostenía el mango del afilado cuchillo. Privado, Daniel tenía la garganta dura y el cuello tenso. Le sudaban las manos y los párpados. Consiguió hacerse un pequeño corte y siguió ejerciendo presión en su piel, hendiendo poco a poco la punta en su carne, haciéndose más daño. Su mirada era la de unos ojos que no quieren ver. Sus labios, los de quien se esfuerza por creer que lo había perdido todo. Su rostro, arrugado, el de un niño que, perdido, conocía una salida que no se atreve a tomar.

—¡Te he pillado! —volvió a escucharse chillar a lo lejos.

Daniel, al oír la voz del niño, regresó, aspirando con vehemencia al darse cuenta de que estaba conteniendo la respiración. Tosió un par de veces mientras recuperaba el aire y dejó caer el cuchillo. Cuando consiguió recomponerse, giró el cuello rápidamente y miró hacia la ventanita como si hubiese escuchado un ruido que venía del cielo. Luego repitió el movimiento al contemplar el pasillo y la puerta que daba a la terraza. Con una mueca, confirmó que la luz que venía de la parta de atrás de la casa era diferente.

—Lluvia —musitó al tiempo que sus labios insinuaban una feliz sonrisa.

Y como un niño que gana un premio que sabe que no se merece, se quedó sentado un rato pensando en las nubes hasta que se incorporó, respiró profundamente y cogió el pañuelo húmedo para limpiarse la sangre.

El zumbido del motor de la nevera volvió cuando Daniel la abrió de nuevo para servir otro vaso de agua. Cuando iba a cerrarla, cayó en que antes no se había dado cuenta de que la luz se encendía con cinco segundos de retraso. Vio que las bandejas estaban mal colocadas, la comida tirada y las bebidas vertidas. Cerró y abrió de nuevo la puerta unas cuantas veces para probar lo de la luz. Y sin fallo, a los cinco segundos de abrirse, la nevera, hecha un desastre, se iluminaba como el sol pasaba una nube gris.

Daniel regresó a la terraza con el vaso de agua en la mano y se lo entregó a su madre después de llamar su atención dándole otro beso en la mejilla.

—Aquí tienes —dijo—. Va a llover.

—Gracias —aceptó amablemente sorprendida. Luego miró al cielo con ademán de duda. Sabía que allí la lluvia casi nunca se anunciaba, pero no divisó ni una sola nube gris.

Daniel se tumbó de nuevo en la hamaca, se reclinó y la hizo balancearse para poder contemplar el interior de la casa. Miraba al frente y a la vez a ninguna parte con ojos tristes. Tal vez recordaba un tiempo en el que él, estando tan roto, no era lo más ileso que habitaba ese hogar. O cuando entre tanto desorden, él no era lo único que estaba en su sitio.

—¿Qué ha sido ese ruido? —preguntó su madre alarmada e incorporando el cuerpo para mirar en dirección al bosque. Parecía asustada. Y aunque estaba casi de pie, no dejó de columpiar la mecedora hacia delante y hacia detrás—. ¿Habéis oído ese ruido?

—¿Qué ruido? —se interesó Daniel—. No ha habido ningún ruido, Ma. Créeme —concluyó tumbándose de manera relajada en la hamaca.

Al verlo tranquilo, su madre volvió a acomodarse en la mecedora. Sosegada, le miró bailar de izquierda a derecha como un bebé en una cuna. El silencio era de esos silencios de cuando se termina de cantar una nana.

El vaivén de la mecedora se detuvo de repente.

—¿Todavía puedes oír mi corazón? —le preguntó a Daniel.

Él, contento, elevó la cabeza por encima de la tela al escucharla, como una suricata asomando desde su madriguera.

—Sí —contestó rápidamente y con recelo. Luego la miró el pecho agudizando la vista como si quisiese ver a través de ella. Y volviendo a clavar sus ojos tímidos en los de suyos, añadió—: Todavía puedo oírlo.

Su madre soltó una alegre carcajada que parecía salir de un recuerdo.

—¿Te he contado alguna vez lo del curandero que pensaba que eras un brujo? —preguntó sonriente.

—Sí —contestó Daniel, abochornado.

—¡Madre mía! Te puso bocabajo y te dio unos buenos azotes para «expulsar al demonio que llevabas dentro» —narró, jovial y animada—. Dijo que podías oír tan lejos y tan alto porque eras un espía de Lucifer. —Comenzó a reírse. Daniel también—. Yo solo... —Su rostro entristeció—. Yo solo quería que dejase de dolerte. —Le miró fijamente a los ojos—. ¿Ha dejado de dolerte?

Daniel esbozó una enorme sonrisa y asintió con la cabeza. Luego, volviendo a tumbarse en la hamaca, dijo, declamando al cielo:

—Ha dejado de dolerme —se quedó en silencio, pensativo—. ¿Sabes? Creo que esta es la mejor vida que he vivido.

Su madre le observó de reojo. Al verlo, sus labios dibujaron una traviesa sonrisa.

—Seguro que le dices lo mismo a tus otras vidas —dijo burlona.

Daniel tardó unos segundos en reaccionar hasta que comenzó a reírse a carcajadas. Al principio parecía un fuego confuso que por un instante se olvida de la chispa que lo originó. Pero luego, su risa ardió feliz. Se rio como las personas que creen firmemente en cosas imposibles. Le lloraban los ojos de alegría y se secó la cara con el brazo. El pecho se le hinchó jubiloso y sintió que las costillas le abrazaban el estómago. Su risa era un castillo y la terraza la cima del mundo. Era como si sonasen trompetas en una fanfarria, anunciando clamorosas que la reina de un país muy lejano había venido a visitarlo.

—¿Lo has vuelto a intentar? —le preguntó su madre de repente. Su voz sonó rota y extinguida.

Daniel se calló al instante. Quiso entender qué acababa de ocurrir cuando de pronto una cálida y concentrada gota le salpicó el brazo y se dio cuenta de que su madre estaba observando la sangre que manchaba su barbilla. Sus pupilas temblaron y pensó en contar una mentira, pero desistió. Tan solo agachó la cabeza y respondió:

—Sí.

Sin avisar, comenzó a llover. Daniel alzó la vista al cielo antes de que cayese la primera gota. Fue como si la hubiese escuchado tirarse a dos mil metros desde su nube.

—¿Y lo has conseguido? —preguntó su madre, implacable, pero con el rostro visiblemente afligido.

Las gotas se intensificaron. El chaparrón se avivaba con cada palabra y cada silencio. Era como si la tristeza fuese combustible para la lluvia.

—No lo sé —respondió Daniel—. No sé si lo he conseguido.

Su madre abrió los ojos arqueando las cejas. Le miró como si le viese más allá del tiempo en el que se encontraban. Y con una dulce sonrisa, susurró:

—Entiendo. Yo también soy feliz. —Se reclinó y se dispuso a columpiarse con el vaivén de la mecedora.

—Ma —llamó Daniel. Su voz se escuchó apurada, como quien avisa a un viajero de algo que se ha olvidado—. ¿Ma? —repitió. La probabilidad de que ella no le estuviese escuchando era alta.

—¿Dime? —contestó su madre segundos más tarde.

—Aunque se lo diga a todas mis otras vidas...

Hizo una pausa y miró al cielo a través del hueco de una mano como si fuese un telescopio. Luego sonrió, tal vez pensando en que, con lluvia, ese cielo podría ser el de Madrid. O el de cualquier parte del tiempo.

—¿Qué ibas a decirme? —se interesó su madre de nuevo.

—Pues que, aunque se lo diga a todas mis otras vidas, no quiero dejar pasar la ocasión de decirlo en esta también. Te quiero, Ma.

La mecedora comenzó a moverse. Y el mundo se detuvo.

—Hola —saludó un muchacho que corría subiendo las escaleras para resguardarse de la lluvia en la terraza.

—¿Quién es? —preguntó su madre.

—Es mi nuevo amigo —contestó Daniel—. Con el que voy a jugar a la pelota que me compres.

Sábado, 14 de marzo de 2009

# CREER

Hola, Eva:

A veces llamamos amor propio a encontrar el sentido de la vida en los ojos de los otros, cuando nos miran.

Eva, ¿crees que es extraño que cuando K no me mira a los ojos me vea aún más como soy? Dicen que lo que más dice de una persona son las cosas que se supone que nadie tiene que ver.

Bueno, no me hagas mucho caso.

¿Te he contado la pequeña historia del niño que conoció a Dios? No me acuerdo de todo el relato, pero el final era algo así:

«—¿Crees en Dios? —interrogó el niño al que preguntaron "¿qué harías si vieses a Dios?".

»—No lo sé —respondió Dios con cierta dejadez al caer en que jamás le habían preguntado qué haría si viese a un niño—. Tal vez —agregó abstraído—. Sí —concluyó con gesto de haber rematado demasiado tarde.

»Y en ese efímero momento, al verse reflejado en su vacilación, el niño comenzó a creer. No solo en Él, también en sí mismo».

Jueves, 25 de julio de 2019

# NO CREER

Hola, Eva:

Chihiro le ha recordado a Haku su nombre y él le ha dado las gracias, creo que por guardárselo hasta ese momento. Y he vuelto a llorar. Como cuando era pequeña y vimos esa película con androides en la que el hombre con el pelo del color del hijo del embajador de Alemania le decía al actor de *La guerra de las galaxias* que él había visto cosas que nosotros, los humanos, no podríamos creer. Y era bonito porque luego se perdían sus lágrimas bajo la lluvia.

Eva, aquí la lluvia sentiría vergüenza si todas llorásemos. Y tristemente, sé muy bien que no he visto nada que nadie más creería.

¡Hay un puño golpeando mi puerta!

La segunda voz más reconocible del Estado me pregunta si puede entrar.

No, por favor. No.

Jueves, 5 de octubre de 2017

# AGOSTO ATEO

Hola, Eva:

Mamá baila. Hace una vida entera que no baila. Hace una vida que no baila. La radio suena alta. Lucía Galán le pregunta a Joaquín dónde están los hombres. Grace Decca le recrimina a Elvis Kemayo —en francés— que le haya traicionado porque *en amour il ne faut jamais tricher*. Papá la observa desde su despacho.

El arma sigue allí, apuntando a ninguna parte mientras zapatea disimuladamente. Me pregunto si alguna vez habrán bailado juntos.

Comienza a sonar *La carretera,* es 1995 y de nuevo tengo dos añitos. Eva, hoy no es un día triste.

¡Ha llegado el hermano de papá!

Hoy no era un día triste.

Eva, Julio Iglesias tiene razón cuando dice que volemos alto. El problema es que hay algunas personas dispuestas a crecer el mar para poner a tiro a las gaviotas. Y esas, tristemente, son inevitables. Porque no les importa ahogarse en el proceso.

Lunes, 23 de agosto de 2010

# SOPORTE

Hola, Eva:

Si quieres hacer daño a alguien no ataques las cosas que no le gustan de sí mismo, eventualmente, aprenderá a amarlas. Es la naturaleza humana. Es inevitable. Instinto de supervivencia. Si quieres hacer daño ataca todas las cosas que no puede remplazar. Todo lo que no puede cambiar.

Dani no puedo cambiar el hecho de que su madre se olvidara de él.

Eva, me ha vuelto a engañar. ¡Otra vez!

Cuando era pequeña, unos meses antes de encontrarte, Nana me regaló un libro. Era la segunda vez que no me gustaba algo. Desde el tío, todo lo malo quedará siempre en segundo lugar.

Detesté tanto el libro que quise prenderle fuego para jugar a las cocinas en el colegio con K. Pero Esperanza llego a tiempo para evitar que quemásemos todo el patio de recreo. El libro vivió unas cuentas semanas en mi mochila. Pensaba que si llovía, en lugar del impermeable, podría usarlo como escudo. Luego se mudó a la biblioteca donde están los libros de papá. No sin antes causar la caída de un enorme tomo de filosofía que casi me abre la nuca.

¿Tan malo era el libro? La verdad es que no. Unos años más tarde te hablé de *Momo,* y ya sabes que estamos enamoradas de ella y de Michel Ende. Mi problema era que hasta entonces no me había leído un libro entero yo sola. Siempre lo hacían Nana o mamá. Supongo que no quería quitarnos ese momento. Y simplemente no quería crecer.

Te preguntarás qué tiene que ver *Momo* con Dani. Absolutamente nada. Pero cuando una de las patas de mi pequeño escritorio quedó corta, volví a por el libro y lo coloqué como soporte. Y Eva, en toda mi corta vida hasta antes de amar a Dani, aquello fue lo más parecido a dar una segunda oportunidad.

Eva, creo que me he pasado. No tenía que haberle dicho eso sobre su madre. Aunque él luego me dijo que yo era igual a papá.

Eva, ¿será que solo estamos peleando por ser inmortales? ¿Que vivimos como la extensión de las personas a las que hemos educado a pensar como nosotros, a leer los mismos libros que nosotros y a amar lo mismo que nosotros? ¿A que no sean como los demás? ¿A que sean distintos? ¿Pero no distintos a nosotros?

Martes, 12 de junio de 2018

# ESTACIÓN TERRESTRE

Hola, Eva:

¿Sabes cuánta velocidad necesita un cohete para salir de la Tierra? Cuarenta mil trescientos veinte kilómetros por hora. Los científicos lo llaman velocidad de escape.

Tal vez no tenga mucho sentido, pero he pensado que si me muevo lo suficientemente lenta podría sentir que pertenezco a este lugar.

Eva, tal vez sea importante que, para entender el movimiento, primero tengamos que entender el estar quietos.

Domingo, 10 de septiembre de 2017

# PASAR PÁGINA

Hola, Eva:

¿Te he contado el cuento del niño que acabó sin manos por leer?

Era un niño cuyo padre no estaba de acuerdo con los libros que leía. Eran libros que él no consideraba «buenos». Y siempre que le pillaba leyendo le amputaba una parte del cuerpo. Hasta que al final, cansado, resignado y enfadado porque su hijo no dejaba de leer lo que le hacía feliz, le dijo:

—Debí haber empezado por tu corazón.

—Todavía no lo entiendes —le respondió el hijo—. Debiste haber empezado por mis ojos. El corazón no lo necesito para leer a esos pobres desgraciados como yo.

Sábado, 21 de mayo de 2011

# LA SEÑORA MAÑANA

Hola, Eva:

Hay un hombre culpando a otro por haber chocado su coche. El otro, a su vez, le acusa de no haber hecho caso de la señal.

—Pero la señal está borrosa y pintarrajeada.

—Usted usa gafas, ¿por qué no las llevaba puestas?

—Pasé por la consulta de su hija para cambiar las lentes y no me atendió a tiempo.

Eva, si siguen así llegarán a Caín.

Dos compañeros del partido de papá me saludan. Hablan sobre lo ligeras que van vestidas sus hijas al colegio.

—Es por lo que ven en la tele.

—Sí.

—Es culpa de Nicki Minaj.

—Y de Beyoncé.

—En mi casa ya no se ve mucho la tele. Pero es que luego se van de vacaciones y regresan con esas ideas importadas.

El peligro de pensar como piensan los demás. Los coches son importados. La comida es importada. La ropa es importada. Eva, al parecer todo lo que viene de fuera vale siempre cuando no suponga pagar el caro impuesto de pensar diferente.

Una señora busca algo de comer en la basura. Algo de aquí. La locura es indudablemente producto nacional.

Ha cambiado bastante a peor, pero creo que es la señora Mañana. Hace mucho seguro tuvo un nombre. Pero ahora se la conoce así. De pequeños huíamos de ella y sus ocho gatos. Hasta que un día una de las chicas del servicio nos contó su historia:

«—Era una mujer con clase —nos dijo—, de la alta sociedad.

»En este país no hay alta sociedad. Ahora sé que eso se lo sacó de alguna serie de época.

»—Era una de esas personas aficionadas al orden —continuó—. Y sabía dónde lo tenía todo. Incluso encontraba cosas para otros. Tabaco exclusivo de América para los ricos de entonces; telas hermosas de colores para las mujeres de los ricos de entonces; especias curiosas para las cocineras de los ricos de entonces y pociones exóticas para quienes no conseguían enamorar por su belleza a los ricos de entonces. Y dicen que de pequeña nadie quería jugar al escondite con ella. Era perfecta, no como las otras madres que eran un desastre. Porque cuando su hijo perdía algo, lo encontraba con mucha facilidad —hizo una dramática pausa—. Hasta que un día, algo tuvo que pasar. Porque su hijo perdió la vida... y ella no la pudo encontrar».

Lunes, 16 de septiembre de 2019

# CÓMO SABER QUE SE HA ACABADO

Hola, Eva:

Dani ya sabe lo de mi embarazo.

Da igual, no es posible un futuro en el que él y yo acabemos juntos.

Te preguntarás cómo estoy segura de que ya no le quiero. ¿La verdad? Pensé que me iba a morir y no quise que sus manos fueran las últimas que me tocaran. Ni las mías, las últimas que le tocaran a él.

Te preguntarás cómo estoy segura de que él ya no me quiere. ¿Te acuerdas del cura del pueblo que me habló de la religión de los niños que no creían en las promesas? Pues le volví a ver en el Centro, y al parecer también forma parte del Evento. Ya no creía en Dios. Dani tiene esa misma mirada cuando me mira ahora.

Lunes, de 2 de agosto de 2004

# MÁXIMO REPRESENTANTE

Hola, Eva:

Esta tarde le pregunté a papá quién era el jefe del mundo mundial. Él, a su vez, me preguntó:

—¿En plan, el presidente?

—No, no —le especifiqué—. En plan el responsable de *toodotodo.*

—No hay uno.

—¿Y si vienen los alienígenas, con quién tienen que hablar?

—Probablemente con el presidente de los Estados Unidos.

—¿Él es el mandamás?

—No exactamente. Pero se dice que es el máximo representante del mundo libre.

—Entonces no me representa a mí.

—No te pongas triste. De mayor, tal vez puedas ser la responsable de *toodotodo*.

Quise contarle lo de la boda con el tío, pero no me atreví.

—Papá, no quiero ser la responsable del mundo.

Viernes, 30 de marzo de 2018

# MÚSICA DE PAÍS

Hola, Eva:

No estoy segura de querer seguir con esto.

Ángel ha bromeado hoy en el Centro diciendo que uno de los problemas de nuestra historia como país es que no hemos tenido generaciones. ¡Sí, Eva!, en plan *hippies* y punks. Con sus pequeñas revoluciones o su música. Uno de los mayores que no entiende su particular sentido del humor le ha preguntado, con cizaña, si de verdad creía que «el problema» había sido que no tuvieron tribus urbanas para hacer el gamberro.

—Aquí hemos tenido a los callados —dijo—, a los que levantaron la voz y a los que se enteraron de por qué no hay que hablar de política.

—Te faltó la generación de los que traicionaron sus ideales por dinero —el anciano se calló.

Eva, aquí a la gente borde se la comen con patatas. Sin embargo, la gentileza y el cariño escasean tanto que las personas amables —por falta de costumbre— son las que me dan miedo. Por eso es más sencillo que me asuste una sonrisa que una mirada de desagrado.

Sábado, 31 de marzo de 2018

# OSCURIDAD

Hola, Eva:

Creo que solo lo he visto yo.

Ángel y el anciano borde de ayer se han dado un abrazo.

Eva, no todo lo que brilla es odio.

Lunes, 19 de diciembre de 2016

# EL CICLO DE LA VIDA

Hola, Eva:

Me he vuelto a cruzar con el profesor Ángel. No entiendo estas casualidades, pero, sin duda alguna, me agradan. Esto no te lo he dicho antes, Ángel tiene un aire a Denzel Washington con un poco de Morgan Freeman de joven. Aunque esas canas nacidas del estrés le quedan muy bien.

Quiere que vaya a una reunión sobre no sé qué movida social que organizan en el Centro Cívico que hay detrás de la nueva biblioteca. Nadie me invita nunca a estas cosas. Necesitarán financiación, seguro.

—¿De qué trata el Evento? —le pregunté.

—Tienes que venir y verlo —hizo una pausa en seco y examinó mi cuerpo entero con la mirada—. Sola.

—Sabes que es imposible que salga sola. Y mucho más a una cosa que no podré explicarle a mi padre.

—Es totalmente inofensivo. Solo somos un montón de viejos recordando tiempos mejores. Contamos cuentos tradiciones y hacemos juegos. Hasta tenemos un pequeño escenario donde a veces un chico recita poemas.

Papá y mamá me enseñaron a mirar con desconfianza, a dudar de los extraños y cuidarme de las personas que creía conocer.

—Bueno —siguió—, de vez en cuando nos quejamos de algunas cosas.

—¿Cómo...?

—La juventud, vaga e inactiva. Ya no os preocupáis por nada.

El que me incluyese a mí hizo que bajase la guardia. Volví a ser su alumna durante un instante.

—Os pasáis el día con el Facebook o la aplicación del pajarito azul. Ahora la indignación nace, crece, se reproduce y muere en un tuit. O a las veinticuatro horas en una historia de esas de Instagram. Es el nuevo ciclo de la vida.

Levantó su tableta de Apple simulando la presentación de Simba en la Roca del Rey.

Eva, me hizo sonreír. Me vio un poco más allá de donde siempre me miran las demás personas: en un futuro que todavía, al menos para mí, no estaba escrito.

De acuerdo. Iré.

Lunes, 25 de marzo de 2019

# UNA PROMESA IMPOSIBLE

Hola, Eva:

Ya estoy metida hasta el ajo. Si el Evento tuviese olor, yo apestaría.

¿Te acuerdas del día en el que hablé con papá sobre las promesas? Estábamos en el parque de atracciones en Barcelona, sentados frente a la atracción de Freddy Krueger. Los dos preferimos no entrar «por seguridad» y nos quedamos esperando fuera a mamá. Recuerdo que le pregunté por qué las personas salían de la atracción sonriendo y él me contestó algo como que la sensación de peligro les hacía felices. Y que cuando estaban dentro el miedo les hacía cogerse de las manos los unos con los otros, aunque fueran completos extraños.

Eso hace el miedo —me dijo—, une a las personas.

Sentí que en algún momento de su vida él pasó miedo. Un miedo que en lugar de unirle, al ser un extraño para sí mismo, le separó por completo.

—Papá.

—Dime.

—¿Qué le dirías a tu yo de cuando eras pequeño?

—Interesante. ¿Cómo de pequeño?

—Mi edad, por ejemplo.

—¿Cuántos años tienes?

—Ahora tengo nueve.

—Pues a mi yo de cuando tenía tu edad le diría: «No te preocupes. Crece. No permitiré que nadie te haga daño». ¿Y tú? ¿Qué le dirás a tu yo de cuando seas mayor?

—¿Cómo de mayor?

—Como yo. Tengo treinta y dos años.

—Lo siento.

—¡Ey!, tampoco soy tan viejo.

—No, no. Eso es lo que me diría: «Lo siento».

—¡Ah! Te entiendo, pequeña. Y tienes razón. Porque mi yo de entonces al final crecería para darse cuenta de que es completamente imposible cumplir esa promesa.

Eva...

Me he acostado con Ángel.

Te prometí que no ocurriría. Lo siento.

Viernes, 7 de junio de 2019

# EL ODIO

Hola, Eva:

El joven poeta se ha subido hoy a recitar en el Centro, de pie, ayudado de unas muletas para no apoyar la enorme escayola que le colocaron en la pierna derecha. No sé si intentaba ser sarcástico porque no podía andar, pero le he grabado, y estas han sido sus palabras:

«El odio que yo intenté Ahogar, querido Antonio, Sabe nadar. El odio se eleva por encima de las estelas en la mar. El odio ve la senda Que nunca se ha de Volver a pisar. El odio es pie ciego ante Piedra vieja; paso, grito Al tropezar. El odio no es, caminante, Sino llanto de niño Sin mamá. El odio no deja huella, Lo subimos a la espalda Al caminar. El odio es hambre y también Hansel en el bosque, dejando Migas de pan. El odio sabe que no somos Pájaros, ni nosotros ni los que vendrán».

Por cierto. Todo el mundo le ha estado escuchando. De principio a fin.

Miércoles, 8 de junio de 2016

# PETRICOR

Hola, Eva:

Una de las criadas me ha preguntado si podía tirar el impermeable amarillo. Sé que es la forma que tienen de pedir permiso para quedarse con las cosas que ya no usamos en la casa. Pero le he dicho que no. Que estaba dispuesta a comprarle uno nuevo para ella o su hija si es que tiene una. Pero el pequeño amarillo no se tira. No después de haberme salvado la vida en dos ocasiones.

Me acuerdo muy bien de la primera vez que mamá me lo puso. Hasta entonces no sabía lo mucho que podían pesar las cosas.

—Te queda muy ajustado. ¡Le queda muy ajustado! —se quejó a papá, que vino trotando desde su despacho.

—¿Qué dices? Le queda perfecto. Siempre estás igual. ¿Lo probamos? —Sonrió pícaro. Papá era muy guapo.

Mamá le mató con la mirada. Sabía que estaba bromeando, pero las personas que se quieren se miran así.

—Mamá, me pesa —le dije haciendo un vano esfuerzo por quitármelo.

—Te acostumbrarás. —Me dio un manotazo.

Y tenía razón. Poco a poco comencé a sentirme cómoda dentro del impermeable. Al final me olvidé del peso.

En 2006 entendí por qué no me dejaban quitármelo. Estábamos de viaje acompañando a papá. Y cuando volvíamos del aeropuerto, los coches se detuvieron bruscamente al grito de «¡Lluvia! ¡Lluvia!».

Llovían las balas. Las semiautomáticas que nos apuntaban eran las nubes. El chaparrón no caía del cielo.

El impermeable evitó que me mojase de sangre. Los cuatro proyectiles que alcanzaron mi pecho cayeron espachurrados como moscas.

Eva, el petricor olía a pólvora.

Domingo, 27 de enero de 2019

# CONTAR SIN TI

Hola, Eva:

Queda un poco más de un año para el Evento.

Hoy al volver a casa del Centro me he encontrado con el hermano de papá. No sé qué ha pasado, supongo que me ha pillado cansada de pelearme con Dani porque se ha puesto a contarme su vida y no le he hecho ni puto caso. Ya sé qué es lo que quiere, pero eso se acabó. Él y su falsa policía del «cómo estás» ya no me interesan. Nunca lo han hecho.

¿Y Dani? Nada. Casi monta un escándalo en el Centro. Se cree que estoy coladita por Ángel. ¿Está loco o qué? Ángel es casi veinte años mayor que yo.

El muy tonto ha querido revisar mi móvil bajo el pretexto de ver cómo le tenía guardado en los contactos. Y se lo he arrebato rápidamente.

—Te tengo guardado como «No usar en caso de emergencia».

Sé qué estás pensando, Eva. Y no, no hay nada de verdad en las paranoias de Dani. Te prometo que entre el profesor Ángel y yo no hay absolutamente nada.

Martes, 16 de septiembre de 2014

# CIFRAS OFICIALES

Hola, Eva:

Creo que K ha dejado de hablarme.

Desde que comenzó el verano hemos hablado cuatro veces. Según él, en Madrid no hay buena cobertura. ¡Imbécil! Sé que me está evitando.

Eva, te llevo a ver el Museo del Prado. Creo que te gusta el metro. No es tan complicado escribirte cuando está en marcha.

Va lleno. Casi. Me gusta que las personas no tengan ni idea de quién soy. No suponer un peligro para nadie es un verdadero alivio.

Dos jóvenes se besan con tanta pasión que parece que sus vecinos, sea donde sea donde vivan, les tienen ganas. Su existir me recuerda al cartel que está justo a las afueras de nuestra ciudad, el viejo y oxidado que dice «Vuelve pronto».

A pesar de la estúpida actitud de Kukín, estoy algo contenta. Antes de salir he visto una noticia en el telediario. Al parecer se ha sabido de los malos tratos que sufría una niña por los dibujos que hacía en clase. Hoy *Soy* muchas más, menos una.

También me he comprado una novela en una librería de segunda mano. El profesor Ángel dijo una vez que uno no es escritor de verdad hasta que alguien regala su libro o lo vende por mucho menos de lo que pagó por él en una librería de segunda mano.

La chica que va a mi lado asegura, en la descripción de la foto que acaba de tomar de sí misma comiéndose el helado por la parte de abajo del cucurucho para su Instagram, que es «tan yo», o sea, *tan* ella haciendo algo, que seguramente le hace igual al número de personas que también hacen lo mismo.

Lo sé, Eva, soy una cotilla.

Hay un relato escrito a rotulador negro en el asiento de enfrente. No consigo leerlo del todo. Trata sobre un joven poeta que le dice a su madre que la poesía mala que él ha escrito ha pagado una casa y una cálida cama en la que ella puede dormir en invierno. Quiere que ella se quede con todo por aquellas personas a las que les gusta lo que él hace. Y promete que dormirá en la calle por aquellos a los que no.

—Son responsabilidad mía —le dice a su madre—. Y su opinión, aunque no me joda, también cuenta.

Ha entrado una chica al vagón. Enérgica, se ha encontrado con otra que parecía estar esperándola. Hay un señor mayor de pie cerca de ellas. Lleva un sombrero y una camisa de manga corta. Las observa disimuladamente, como hago yo. Seguro que piensa que una es la hermana de la madre de la otra porque acaban cada monosílabo diciéndose «tía»». *No, tía. Sí, tía. Ya, tía.*

Todas estas personas, Eva, son personas que importan.

¿Te he contado la historia del buscador de desastres?

Era un chico de un país como el nuestro que vivía en una ciudad como la nuestra. Era de familia pobre. Y su deseo profundo era formar parte del mundo. «Importar», decía. Pero sabía que las personas como él solo contaban si salían en televisión. El chico no tenía ningún talento para impresionar. Así que decidió dedicar su vida a buscar desastres y catástrofes. El plan era perfecto, pero siempre llegaba tarde a los acontecimientos. Se perdió doce incendios, tres terremotos, ocho avalanchas y un maremoto. Hasta que al final de su viaje, cuando se había quedado sin dinero para volver a casa, se subió a una barca que cruzaba un mar lleno de personas que, a diferencia de él, buscaban una vida mejor en un nuevo país al que él iba porque había oído hablar de un grupo de personas que mataban a gente como él. Pero antes de llegar a su destino, una leve ola volcó el barco y murió ahogado en el fondo del mar. Se dice que a la mañana siguiente su madre reunió a todo el barrio delante de la tele y les dijo:

—Mi hijo lo ha logrado. Allí está. —Señaló el televisor.

Apareció el reportaje que mostraba lo sucedido en el mar. La presentadora informó del número de fallecidos.

—¿Dónde? —preguntaron los vecinos—. No le vemos.

—¡Allí! ¡Allí! ¡En las cifras oficiales!

Martes, 7 de mayo de 2019

# LA ÚLTIMA VEZ QUE DORMÍ

Hola, Eva:

En el suelo junto a K, con la ventana abierta, rozando sus zapatillas y sus manos, siento que es mucho más fácil encontrar una aguja en un pajar que la noción del tiempo. Siento muchas cosas: que si el cielo pensase creería que somos una guirnalda de muñecos de papel completamente desligados del resto del mundo. No estoy segura de lo que significa todo esto. No estoy segura de muchas cosas.

Esta tarde hemos ido a ver a su artista favorita en concierto. Traerle al país ha sido tan difícil como encontrar una aguja en un pajar.

K ha dicho que no volvería a lavarse la mano porque el cantante le tocó. Para que el momento no desaparezca nunca.

—¿En qué piensas? —le pregunto al tiempo que me digo que tal vez mi compañero de suelo se encuentra en una dudosa encrucijada mental sobre si de verdad alguien, en algún momento de la vida, buscó una aguja en un pajar.

Aparto los ojos de la nube que pasa de tener forma de lámpara a parecer una taza de té. Eva, unos minutos más y acabará siendo un bol.

—Me refiero... a cuando no estás pensando en mí. Sí, K. ¿En qué piensas cuando no estás pensando en mí?

Kukín sonríe. Al mirarme creo que se pregunta si las nubes que toman forma de otras cosas tienen menos personalidad que las nubes con forma de nube. Quiere preguntarme qué opino. Desiste con un leve suspiro. Su duda es irrelevante.

—Paciencia —me llama por mi nombre por primera vez después de mucho tiempo. Es mi Chihiro. Soy su Haku—. A veces me es... completamente imposible juntar una palabra tras otra si no es para hablar de ti. Eres como una musa que no quiere que la poesía la contrate a tiempo parcial, ¿sabes? Contigo no hay medias jornadas. Contigo no hay medias rimas. Contigo, yo y este intento de querer amarte como te mereces no servimos para nada.

Le doy permiso para besarme, pero de repente me echo atrás.

Silencio.

Un ángel ha pasado.

Ángel pasará.

—No me has contestado.

Ha pensado durante unos segundos sin dejar de mirarme a los ojos.

—Cuando no pienso en ti no pienso en nada. —Me agarra gentilmente de la nuca. Es eterno—. Por favor, déjame vivir en la ilusión de que tú también me amas.

Hacemos el amor.

No volveré a dormir nunca.

Viernes, 2 de agosto de 2019

# PAZ

Hola, Eva:

Todavía nadie ha sabido explicarme por qué no me importo, y aun así me doy demasiada importancia.

¿Será por el embarazo?

Eva, creo que he aprendido a vivir hallando belleza en el hecho de no creer que soy especial.

Martes, 11 de febrero de 2020

# UN CASTILLO DE ARENA EN LA ORILLA DEL MAR

Hola, Eva:

Todavía me tiemblan las manos.

Hay...

Lo siento.

Hay un hermoso patio en esta casa. Dormimos en un solitario cuarto. Nana nos trae comida que ha preparado mamá. Llevo dentro de mí una segunda oportunidad para ella.

No hay techo, solo desgastadas vigas que sujetan las agujereadas chapas. Si lloviese, seríamos un vaso medio lleno. Aquí, en este tipo de pobreza, donde la precariedad es un poema malo lleno de moho, no se necesita protección para el cielo.

No queda gasolina. La lamparilla se apaga. La oscuridad no duele tanto en los sitios pequeños. La cera es un poco, y solo un poco, más feliz que el fuego en la muerte de la vela que solían ser. Rayos de luz del sol reflejados en la luna iluminan las partículas de todas las cosas viejas que ha habido y hay. Tal vez algún día... yo también.

Deseo dormir, pero no tengo sueño. Una parte de mí quiere disculparse por todas las veces que hice daño sin querer. La otra entiende por primera vez las palabras de mi padre cuando me contó por qué escribía:

—Muchos de mi generación escribían porque para ellos era una forma de gritar. O de llorar. O de vomitar sus sentimientos. Yo escribía para no tener que matar a nadie. Escribir me cegaba. Me hacía creer que era el mejor novio que ninguna chica podía tener; un privilegio. Me hacía sentir que no era peor hijo de lo que fue mi padre para su padre. Escribía porque no quería vengarme de nadie en la vida real. Escribía para no acabar en la cárcel, o muerto.

Eva, si miro fijamente todavía puedo ver cómo el humo se eleva por encima de los edificios que construyó mamá. Las deslumbrantes azoteas de los hospitales gozan del privilegio de despedir las almas un poco más cerca del cielo que el resto de las construcciones. La ciudad ha crecido tanto que ahora el edificio rosa siempre saca el palito corto, es el primero en ser el último. Los perros que hacen guardia allí aúllan porque echan de menos a muchas personas a las que no conocieron. Los médicos no entienden de cenizas. Las linternas todavía patrullan. Los militares son residentes en la unidad de descuidos intensivos. A unos metros de aquí está la hoguera donde los chavales *celebran* alrededor del fuego. Ángel también se ha ido. Esa cohibida sonrisa que regalaba como si estuviese pidiéndole constantemente disculpas al mundo por faltarle al respeto a la vida ha desaparecido para siempre. Esos ojos que creían en un mundo mejor aun creyendo que tal vez este era el mejor de los mundos que podíamos tener. El viejo gruñón. La vieja gloria. El viejo joven poeta que le pedía disculpas al universo por haber dado por sentado que se merecía todas las cosas que le fueron concedidas. Su único derecho de nacimiento era ser libre. Y acabó por convertirlo en una obligación. Siempre a tiro de los infravalorados sin dejar que le cohibiese el aplauso de los que antes le subestimaban. Sus sentimientos más fuertes le sirvieron para plantar cara a los demás y no para hacerle *bullying* a su propia creatividad. Allí, recitando como carne de cañón, siendo un poema que sabía que la rabia, libre, quedaba supeditada al triunfo como fin al ser usada como medio. O inevitablemente, confinada a la disculpa. Un mal ineludible para las personas que como yo, Eva, no sabemos ganar o detestamos retractarnos.

En el silencio siento que soy la primera milenial que usa la aplicación de la radio en un teléfono inteligente. El tío habla de victoria como un instrumento momentáneo para la cohesión, como unas tijeras que cortan en muñecos un papel hasta conseguir una frágil guirnalda. Su voz se limita a encontrar culpa y enemigo en el otro. Se le da muy bien apagar la llama de los tristes y los hambrientos. Es poeta, aunque me duela, es un poeta. Un rapsoda que consigue que sea imposible explicar las cosas a través de metáforas. Se escuda en Dios y en la necesidad de querer prevalecer por encima de los demás. Entierra problemas reales en tumbas imaginarias.

Apago su voz. Ojalá siempre hubiese sido así de fácil.

Me acaricio el vientre. Soy una animadora que le pide calma a la pequeña que acaba de patear mis entrañas. Eva, creo que he heredado las manos de mamá. Recuerdo lo que me dijo aquel día en el coche y quiero inclinarme hasta mi ombligo y susurrarle a la pequeña que me duele el pasado. Y que la historia nos ha dejado a las dos sin padre.

—Hola, pequeña, ¿estás ahí? Tu abuela nos ha presentado a una curandera que te ayudará a salir de allí dentro. No te preocupes, no tengas miedo de salir. Sé que de momento este no es un lugar recomendado para las cosas hermosas como tú. Pero cuando salgas, te prometo que lo será. Tu padre creía en lo imposible. En las cosas que el mundo, la gente y la historia decían que eran inalcanzables. Cuando salgas, pequeña, cuando salgas, sé intratable con todo lo que sientes justo y te digan que no puedes hacer. Pequeña, cuando salgas, cree. ¡Cree! Porque un castillo de arena en la orilla del mar... siempre será una utopía para una ola.

Sábado, 15 de febrero de 2020

# LOS ARQUITECTOS

Hola, Eva:

Creer en una misma es un acto condescendiente. Es mirarse al alma con paternalismo. Es aceptar como una mujer el bajón que seguirá a ese chute de adrenalina que nos convierte en niñas que no tienen miedo a soñar.

La ciudad huele a miedo. Nos rodea el hedor de los padres frustrados que no encuentran ni palabras ni el coraje para pedirles disculpas a sus hijos por no haber peleado por un mundo mejor. Los nietos ya me preguntan si esto es lo mejor que podíamos llegar a ser. Los abuelos miran a su alrededor buscando a algún poeta que les ayude a explicar que el esfuerzo, la sangre y el sudor puestos en la tierra de aquí para criar a los hijos mata por completo la capacidad de admitir que se equivocaron.

Qué dañino, Eva. Qué doloroso ha de ser mirar atrás y ver en el recuerdo la posibilidad, *el quizá* y el *y si* como quien con un «quequeque» se mofa del tartamudo que intenta avisarle de que su casa está en llamas.

Las calles están casi vacías de adultos. Los toques de queda les tienen miedo a los niños que quieren jugar. El amor también es difícil de sitiar. Desde mis ojos, una chiquilla mira a otro pensando que la velocidad de la luz se enamoraría mucho más tarde de él que ella a primera vista. Y pienso en K:

—Qué bello es que yo no sea necesario para que tú existas.

Una sucia pared de camino a nuestra nueva casa habla de amor y de poesía. Algún joven con ganas de expresar su malestar por estar bien cuando siente que no debe o no se lo merece ha escrito: «Tu sonrisa ha inspirado toda la mala poesía de una generación entera. Eres —devastadoramente— la razón por la que no saben escribir. ¡Pero, joder! ¡Les has hecho creer que sí! Les has hecho creer. Eres la única victoria que ha tenido este país en dos siglos sin historia, peleando contra sí mismo».

Eva. ¿Te acuerdas de las casas que construíamos? ¿De los castillos en la arena y los fuertes en mis sueños? Cómo es la vida, Eva, que ahora vivo en una.

¿Te acuerdas de las espadas de palo con las que luchábamos? ¿Te acuerdas de la pistola de papá con la que jugábamos? Cómo es la vida, Eva, que ahora he de usar una.

Domingo, 9 de febrero de 2020

# A CENIZAS

Hola, Eva:

Papá te ha leído. Hoy es el segundo peor día de mi vida.

Estamos encerradas en mi habitación. Los nervios me han conducido a construir algo que no tiene forma con mis antiguas piezas de LEGO.

El cuerpo no me reconoce. Abajo hay tanta gente moviéndose que podía crear un terremoto. Quiere robarme las ganas de vivir.

No hay forma de salir de aquí. La voz del hermano de papá vocifera órdenes. No hay forma de salir de él. Todo lo que sé acerca del silencio es culpa suya. Ya fue de mamá por no prestarme atención cuando nació Amigo. Ya fue de Nana por hacerme crecer y dejar de venir a leerme libros. Ya fue de todo el mundo, yo era todo el mundo. ¡Ya no!

Ha comenzado a llover. Y no sé por qué, pero recuerdo que Nana me contó que de pequeño papá no sabía nadar y estuvo a punto de ahogarse. Le reanimaron tras más de diez minutos bajo el agua.

—¡Quemarlo todo! —grita papá.

Puedo oír cómo pide información acerca de Ángel y luego pregunta por K. Ya sabe que él es el padre.

—¡Quemarlos a todos!

Viernes, 2 de marzo de 2018

# QUERIDO SEÑOR PRESIDENTE

Hola, Eva:

He decido contarle a papá todo lo que están tramando en el Centro con una carta anónima. Quiero que parezca informal, como un soplo. Luego la paso a ordenador, ¿vale?

«~~Excelentísimo~~... No, no. Mejor...

»Querido señor presidente:

»Ha llegado a mis oídos que en el Centro Cívico de esta ciudad se está tramando un plan para llevar a cabo un golpe de Estado. Durante toda la semana se reúnen en las instalaciones del Centro maestros, ancianos, personas del mundo de las artes y jóvenes mal adoctrinados para conspirar contra su ilustre persona.

Bajo el pretexto de realizar actividades culturales, consiguieron atraer a su hija para el Evento...».

Eva, se escuchan gritos abajo. Creo que mamá está chillando a papá.

—¡Ya no quiero que ese hombre venga a esta casa!

—Tranquilízate.

—Eres un cobarde.

—Es mi hermano mayor. Todo esto lo tenemos gracias a él. Soy el presidente gracias a él.

—¿Todo esto? Adrián.

Eva, mamá nunca llama a papá por su nombre. Nadie lo hace, ni siquiera Nana. No entiendo qué está pasando, pero mamá no para de llorar.

—¿Cuándo? ¿Cuándo te has convertido en esto?

—Sabías en lo que te metías, Akeva.

Eva, creo que nunca te lo he contado, pero el nombre de mamá significa gracias en combe, la lengua de su padre, un hombre que por la foto parecía muy alto, y que vino hace mucho de un país que se parece un poco al nuestro para enamorarse como se enamoran los que no buscan el amor de la madre de mamá. Y tu nombre es parte del suyo.

—Sabía que eras un hombre ambicioso, Adrián. Y eso me gustaba.

—Déjalo ya. Es mi hermano mayor. Yo seré el presidente, pero todo el mundo le respeta más a él que a mí.

—Pero... sabes lo que me hizo. Y lo que le hizo a tu hija.

—Cállate.

—¡Lo sabes, joder!

—¡Cállate!

Eva, un disparo. ¿Lluvia?

—La próxima, no fallaré.

—Hace tiempo que yo estoy muerta.

Eva, yo también.

Papá lo sabía. Todo este tiempo... lo sabía.

Martes, 18 de febrero de 2020

EPÍLOGO

# MEMORIAS DE ALGUIEN

Adiós, Eva:

Hace mucho que no escribo.

¿Sabes que de pequeño era mi sueño? ¡Claro que sí! Paciencia te lo ha contado todo, ¿verdad? ¿También te ha contado que me ha disparado con mi propia arma? Me ha mirado a los ojos como si yo tuviese la culpa de todos los males del mundo.

—Debes aprender a acercarte a la felicidad que entienden las demás personas —me ha dicho justo antes de apretar el gatillo.

Me habría rematado, pero el retroceso ha hecho que se cayera al suelo y creo que eso le ha provocado el parto. Siento decirte que no volverás a saber de ella ni de la niña. Toda esta historia que se ha montado ha sido intrascendental. Pero no te preocupes, ahora me tienes a mí, a su querido padre, el mismísimo presidente del que tanto habla en tus páginas.

He de contarte algo muy personal para que nos conozcamos, ¿cierto?

Ya sé por dónde empezar. A veces sueño con el día en el que casi me ahogo. El día de la tormenta en la playa cuando mi hermano me quiso enseñar a nadar y no había olas.

Eva:

*¿Hay más dolor en el niño que quiere cambiar el mundo, sin lograrlo, o en el mundo que no le hace saber que lo ha logrado?*

*Sé que es el mar.*

*Estoy en el bao de una barca...*

---

# CÉSAR BRANDON NDJOCU,

ingeniero de la suerte y el azar

---

## PRESENTACIÓN

Nacido en Malabo (Guinea Ecuatorial) el 2 de agosto de 1993. Hijo de Paciencia Davies y César J. A. Ndjocu. A diferencia de todo lo anterior, aquí te dejo dos cosas relevantes acontecidas recientemente en mi vida. ¿La primera? Ser definido de lo forma más positiva, tierna y sincera que te puedes imaginar, como un —y cito—: —Hijo de p* por llegar al corazón de la gente—. ¿La segunda? La amenaza de un militar borracho que me dijo —y cito de nuevo—: —Te pegaría un tiro. ¿Pero sabes por qué no lo hago? Porque eres listo—.

## ESTUDIOS

Graduado en Educación social (septiembre, 2011-junio, 2015). Estudié los cuatro años de la carrera en Ceuta, ciudad que amo con todo mi ser. La Universidad de Granada tiene un magnífico campus allí.

## HABILIDAD POÉTICA

Según mi madre

Según el mercado

Según la crítica

Según yo mismo

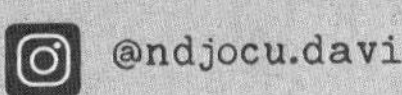

@ndjocu.davies

César Brandon Ndjocu Davies

Me lo dejé en la lavadora

Esperando a que bajen los precios de los pisos

## COSAS QUE ME MOLAN

Redes sociales

Leer

Escribir

Inventar movidas

Telediarios/noticias

## OTRAS PUBLICACIONES

*Las almas de Brandon*
2018, Espasa

Fue un todo éxito en ventas. En parte porque salí en la tele hacienda algo muy pero que muy guay. Y también porque el libro está genial.

*Toda la felicidad del universo*
2018, Espasa

Una obra con una fórmula diferente. Una historia que narra a través de los ojos de un niño la vida privada de una ciudad. Todavía sigue abriéndose camino en el corazón de los lectores, poco a poco.